Convites da Vida

DIVALDO FRANCO

CONVITES DA VIDA

pelo espírito
JOANNA DE ÂNGELIS

Ediouro

Editora: Cristina Fernandes
Assistente editorial: Marcus Assunção
Coordenadora de produção: Adriane Gozzo
Assistente de produção: Juliana Campoi
Revisão: Prof. Luciano de Castilho Urpia e Márcia Duarte
Editora de arte: Ana Dobón
Capa e imagem de capa: Vivian Valli
Editoração eletrônica: Dany Editora Ltda.

Dados Internacionais de Catalogação na Publicação (CIP)
(Câmara Brasileira do Livro, SP, Brasil)

Ângelis, Joanna de (Espírito).
Convites da vida / Joanna de Ângelis ; [psicografia de] Divaldo P. Franco. — São Paulo : Ediouro, 2008.

Bibliografia.
ISBN 978-85-00-02416-0

1. Espiritismo 2. Psicografia I. Franco, Divaldo P. II. Título.

08-06469 CDD-133.93

Índice para catálogo sistemático:

1. Mensagens psicografadas : Espiritismo 133.93

Rua Nova Jerusalém, 345 – Bonsucesso
Rio de Janeiro – RJ – CEP 21042-235
Tel.: (21) 3882-8200 Fax: (21) 3882-8212 / 3882-8313
www.ediouro.com.br

Sumário

1. Convite à alegria ... 13
2. Convite ao amor ... 15
3. Convite à ascensão ... 17
4. Convite ao bem ... 19
5. Convite à calma ... 21
6. Convite à caridade ... 23
7. Convite à compaixão ... 25
8. Convite à continência ... 27
9. Convite à coragem ... 29
10. Convite à decisão ... 31
11. Convite à definição ... 33
12. Convite ao desprendimento ... 35
13. Convite ao dever ... 37
14. Convite à disciplina ... 39
15. Convite à edificação ... 41
16. Convite à educação ... 43
17. Convite ao equilíbrio ... 45
18. Convite à esperança ... 47
19. Convite ao estudo ... 49
20. Convite ao Evangelho ... 51
21. Convite ao exame ... 55
22. Convite à fé ... 57
23. Convite à felicidade ... 59
24. Convite à fidelidade ... 61
25. Convite à fraternidade ... 63

26. Convite à gratidão 65
27. Convite à harmonia 67
28. Convite à humildade 69
29. Convite à jovialidade 71
30. Convite à mediunidade 73
31. Convite à oração 75
32. Convite à ordem 77
33. Convite ao otimismo 79
34. Convite à paciência 81
35. Convite à palavra 83
36. Convite à parcimônia 85
37. Convite à paz 87
38. Convite ao perdão 89
39. Convite à perseverança 91
40. Convite à previdência 93
41. Convite à probidade 95
42. Convite ao progresso 99
43. Convite à prudência 103
44. Convite à pureza 107
45. Convite à realidade 109
46. Convite ao recato 111
47. Convite à reflexão 115
48. Convite à regeneração 117
49. Convite à renovação 119
50. Convite à renúncia 121
51. Convite à resignação 123
52. Convite à saúde 125
53. Convite à sementeira 127
54. Convite à simplicidade 129
55. Convite à solidariedade 131

56. Convite à tolerância 133
57. Convite ao trabalho 135
58. Convite à tranqüilidade 137
59. Convite ao valor 139
60. Convite à vigilância 143

Convites da vida

Para onde te voltes, onde quer que te encontres, defrontarás os incessantes convites da vida. Uns se dirigem aos fulcros do espírito idealista estimulando à ascensão; outros gritam nos recônditos do ser atormentado, convocando ao abissal mergulho no sofrimento evitável.

Os arrojos tecnológicos facultam celeremente altas cargas de informações que te pesam constritoramente, debilitando as forças do teu ideal. Simultaneamente alargam horizontes para excelsas cogitações cuja magnitude transcende a tua capacidade de apreender.

A litania do desespero chama-te a atenção.

A balbúrdia sexólatra desperta-te a observação.

O brado de revolta convoca-te ao exame das situações.

As mercadorias do prazer espicaçam os sentidos.

A loucura generalizada convida-te à alucinação marginalizante.

O medo envolve-te em angústia injustificável.

Ocorre que a Terra transita de *mundo de expiação* para *mundo de regeneração*, consoante as felizes informações, recolhidas por Allan Kardec, da Espiritualidade Superior.

Concomitantemente a paz necessita de tua cooperação.

A cruzada do amor e da caridade inspira-te passos gigantescos na direção da liberdade plena.

O bem de qualquer denominação abrasa-te, guiando tuas aspirações nos rumos infinitos.

A esperança, embriagando tua alma, conduz as claridades divinas aos teus painéis íntimos.

Convidam-te: a reflexão a sublimes colóquios, a humildade a total desprendimento, a fé à mudança de paisagens, o dever à luta incessante pela sublimação, a paciência a cuidadosas realizações em profundidade, em suma, o Cristo ao inexcedível serviço da luz.

Ainda ontem homens e mulheres célebres fizeram-se notáveis porque aceitaram os convites da vida, como desafios que aceitaram e dos quais se liberaram com resultados felizes, mediante os quais se engrandeceram, renovaram outros homens, outras mulheres, e o mundo.

Milton, cego e pobre, após a morte de Cromwell, de quem era secretário, esqueceu-se da limitação e ditou à esposa e filhas, em poesia de lirismo ímpar, o seu *Paraíso perdido*.

Steinmetz, não obstante a deformidade física, revelou-se a penosos esforços cientista insuperável.

Robert Louis Stevenson, tuberculoso, olvidou as penas e tornou-se esteta da literatura.

Antonio Francisco Lisboa, o Aleijadinho, apesar das dores cruéis que experimentava em face da terrível enfermidade que sofria, esculpiu a pedra com arte primorosa.

Eunice Weaver aceitou o desafio da lepra e, após admiráveis contribuições sociais de outra natureza, levantou os preventórios para os descendentes sadios dos hansenianos, fazendo baixar a incidência do terrível mal, no Brasil.

Martin Luther King não temeu a discriminação racial e *colored* encabeçou as "marchas da paz", inspirado na resistência pacífica, logrando inestimáveis conquistas para os irmãos perseguidos pelo vil preconceito.

Estigmatizados por estranhas enfermidades ou livres delas, tocados pelo ideal do amor e da beleza, incontáveis servidores da Humanidade atenderam aos convites da vida.

Olha em derredor, aprofunda observações, ausculta as vozes inarticuladas em melodias sublimes na Natureza e faze algo que te assinale positivamente a passagem pela Terra.

Qualquer contribuição de amor ao próximo e aprimoramento próprio vale mais do que coisa nenhuma.

Não te escuses.

A vida é um sublime convite. Este livro apresenta-te alguns.* Medita neles. É modesta contribuição que te trazemos quando a nacionalidade brasileira evoca o sesquicentenário da sua emancipação política.

Lembra-te de emancipar-te, também, das algemas escravocratas de qualquer natureza.

Liberta-te da opressão do mal, ainda hoje, agora.

Viver na Terra é honra que ninguém pode subestimar.

Um dia, o Rei, Estelar, compreendendo a necessidade de elevar o homem às culminâncias da felicidade no Seu Reino, aceitou o convite-desafio do mundo em crescimento e desceu à Terra, erguendo-a, de tal modo que em breve a dor e a miséria baterão em retirada, definitivamente, a fim de que se instalem nela os chegados dias da "Jerusalém libertada" em plenitude de paz.

Joanna de Ângelis
Curitiba, 5 de maio de 1972.

---

* Diversas das presentes mensagens foram oportunamente divulgadas. Para formarem o atual volume nós mesmas fizemos a revisão de todas, atualizando-as a fim de oferecerem melhor harmonia de conjunto. (N. da A. espiritual)

1

Convite à alegria

Mas eu vos tornarei a ver e o vosso coração se encherá de alegria e essa alegria, ninguém vo-la tirará.

(João: 16-22.)

A constrição dos muitos problemas pouco a pouco vem deixando ressaibos de amarguras e tens a impressão de que os melhores planos traçados nos painéis da esperança agora são lembranças que a dura realidade venceu.

Tantos esforços demoradamente envidados parecem redundar em lamentáveis escombros.

A fortuna fácil que alguns amigos granjearam e o êxito na ribalta social por outros lobrigado afirmaram o que consideras o fracasso das tuas aspirações.

Na jornada quotidiana "marcas passos".

Na disputa das posições segues "ladeira acima".

No círculo das amizades cais na "rampa do desprezo".

No reduto da família és um "estranho em casa".

Aguilhões e escolhos surgem, multiplicam-se e estás a ponto de desistir.

Mesmo assim, cultiva a alegria.

Sorri ante a dadivosa oportunidade de ascender em espírito, quando outros estacionam ou decaem.

Exulta por dispores do tesouro que é a oportunidade feliz de não apenas te libertares das dádivas como também granjeares títulos de enobrecimento interior.

Rejubila-te com a honra de liberar-te quando outros se comprometem.

Triunfos e lauréis são antes responsabilidades e empréstimos de que somente poucos, quase raros espíritos conseguem desincumbir-se sem gravames ou insucessos dolorosos.

O sol que oscula a fonte e rocia a pétala da rosa é o mesmo que aquece o charco e o transforma, em nome do Nosso Pai, como a dizer-nos que o Seu amor nos chega sempre em qualquer situação e lugar em que nos encontremos.

Recorda a promessa de Jesus de voltar a encontrar-se contigo, dando-te a alegria que ninguém poderá tomar.

Cultiva, assim, a alegria, que independe das *coisas* de fora, mas que nasce na fonte cantante e abençoada do solo do coração e verte linfa abundante como rio de paz, por todos os dias até a hora da libertação – começo feliz da via por onde seguirás na busca da ventura plena.

2

Convite ao amor

Um novo mandamento vos dou:
que vos ameis uns aos outros.

(João: 13-34.)

O amor é o estágio mais elevado do sentimento.

O homem somente atinge a plenitude quando ama. Enquanto anseia e busca ser amado, foge à responsabilidade de amar e padece infância emocional.

No contexto social da atualidade hodierna, todavia, a expressão *amor* sofre a desvalorização do seu significado para experimentar a decomposição do tormento sexual, que não passa de instinto em desgoverno.

Sem dúvida, o sexo amparado pelo amor caracteriza a superioridade do ser, facultando-lhe harmonia íntima e perfeito intercâmbio de vibrações e hormônios a benefício da existência.

Sexo sem amor, porém, representa regressão da inteligência às forças primeiras do desejo infrene, com o comprometimento das aspirações elevadas em detrimento de si mesmo e dos outros.

Por essa razão, vige em todos os departamentos do Cosmo a mensagem do amor.

Na perfeita identificação das almas o amor produz a bênção da felicidade em regime de paz.

Nem sempre, porém, se encontrará no ser amado a recíproca. Importa, o que é essencial, amar, sem solicitação.

De todos os construtores do pensamento universal, o amor recebeu a contribuição valiosa de urgência. Isto porque Deus, Nosso Pai, é a mais alta manifestação do amor.

E Jesus, padronizando as necessidades humanas quanto solucionando-as, sintetizou-as no amor, como única diretriz segura por meio da qual se pode lograr a meta que todos perseguimos nas sucessivas existências.

✧ ✧ ✧

Se, todavia, sentes aridez íntima e sombras carregadas de desencantos obnubilam as tuas aspirações, inicia o exercício do amor, entre os que sofrem, através da gentileza, passando do estágio da amizade. Descobrirás, depois, a realidade do amor em blandícia de tranqüilidade no país do teu espírito.

Se por acaso o céu dos teus sorrisos está com as estrelas da alegria apagadas, ama, assim mesmo, e clarificarás outros corações que jazem em noites mais sombrias, percebendo que todo aquele que irradia luz e calor aquece-se e ilumina-se, permanecendo feliz em qualquer circunstância.

Haja, pois, o que haja, ama.

Em plena cruz, não obstante o desprezo e a traição, o azorrague e a dor total, Jesus prosseguiu amando e até hoje, fiel ao postulado que elaborou como base do Seu ministério, continua amando-nos sem cansaço.

✧ ✧ ✧

3

Convite à ascensão

Eu sou o Caminho...

(João: 14-6.)

Inumeráveis os óbices. Sem conta as dificuldades.

O cardo multiplicado na rota cravando-se aos pés andarilhos; a pedra miúda penetrando pela alpercata protetora; a canícula ardente sobre a cabeça ou a chuva impertinente, prejudicial como circunstâncias impeditivas.

O apelo do alto, no entanto, chegando-te como poema de sol, encanto de paisagem visual a perder-se além do horizonte, ar rarefeito, renovador, abençoado...

Na estreiteza do caminho, estão a visão próxima do detalhe nem sempre atraente, a lama e o abismo.

De cima, porém, a grandeza do conjunto harmonioso, em mosaico festivo, concitando-te a maiores cogitações...

No torvelinho agressivo do dia-a-dia é mister crescer na direção da vitória, libertando-te das paixões que coarctam as aspirações elevadas.

Examina, assim, a situação em que te encontras e arregimenta forças a fim de ascenderes.

Cá, na nesga da baixada dos homens, a dor em mil faces, o desespero em polimorfia fisionômica, a desdita em vitória. Mesquinhez abraçada a *coisa-nenhuma* asfixiando esperanças, esmagando alegrias...

Lá, nas alturas do ideal, a amplitude de vistas e a largueza de realizações...

Concitado ao programa redentor, não te detenhas no ultraje dos fracos, nem te fixes na insensatez dos desolados.

Paga o tributo do crescimento a peso de jovial renúncia e cordata submissão, superando detalhes desvaliosos e conjunturas lamentáveis, de modo a alçares o ser e a vida aos cimos espirituais.

Asseverou Jesus ser o caminho, e ensinando como alcançar vitórias legítimas, enquanto conviveu com os homens e lhes sofreu a ingratidão não se permitiu deter com eles, ascendendo no topo de uma cruz, além do solo das paixões, aos cimos da sublimação.

Medita e segue-O, liberando-te da canga dos melindres e cogitações que te retêm no solo pegajoso das baixadas, desde hoje.

4

Convite ao bem

Assim como quereis que vos façam os homens, assim fazei vós também a eles.

(Lucas: 6-31.)

A problemática do sofrimento humano, na atualidade, pouco difere das velhas injunções que vêm anatematizando o homem, e por cujo meio o espírito expunge os equívocos e ascende a pouco e pouco na direção do Infinito.

Enxameiam em todo lugar multidões de padecentes experimentando amarguras sem nome, sob o guante de inenarráveis condições de miséria orgânica, social e moral...

Não apenas nas colossais metrópoles modernas, em que se aglutinam milhões de criaturas, mas também nas pequenas cidades, nos insignificantes burgos, nos campos...

Palácios suntuosos e choças misérrimas diferem na paisagem arquitetônica, igualando-se freqüentemente nas estruturas daqueles que os habitam. Isso porque o sofrimento independe das condições externas sempre transitórias e de pouca valia.

As necessidades reais, que engendram a ventura como o infortúnio, sempre decorrem do espírito.

Por essa razão, sem descuidar dos auxílios ao corpo e ao grupo humano com o indispensável sustento imediato para a vida honrada em condição de dignidade, o convite ao bem nos impele à iluminação da consciência, sobretudo, de modo a erradicar as questões constringentes que fomentam a miséria e os desajustes de toda ordem.

Esparze misericórdia pela estrada por onde segues, estendendo o socorro geral; simultaneamente esclarece e consola para que a semente do bem que consigas plantar numa vida se transforme em gleba feliz pelo tempo futuro afora.

5

Convite à calma

Não resistais ao mal que vos queiram fazer.

(Mateus: 5-39.)

O espinho do ciúme vence-a; o estilete da ira dilacera-a; o ácido da inveja a corrói; os vapores do ódio enlouquecem-na; a agressão da calúnia despedaça-a; o tóxico da maledicência perturba-a; a rama da suspeita inquieta-a; o petardo de censura fere-a; as carregadas tintas do pessimismo tisnam-na se o cristão decidido não se resolve mantê-la a qualquer preço.

Não importa que exsudes, agoniado, em quase colapso periférico, ou estejas com a pulsação alterada, ou, ainda, sofras o travo do amargor nos lábios. Imprescindível não precipitares, nem conclusões aligeiradas, nem desesperações injustificáveis.

Não nos reportamos à posição inerme, à aparência, pois o pântano que parece tranqüilo é abismo, reduto de miasmas e morte traiçoeira.

Aludimos a um espírito confiante, fixado nas diretrizes do Cristo, sem receios íntimos, sem ambições externas. Equilibrado pela reflexão, possuidor de probidade pela ponderação.

Calma significa segurança de fé, traduzindo certeza sobre a Justiça Divina.

Ante o dominador tíbio que lavava as mãos, em referência à Sua vida, Jesus se fez o símbolo da calma integral e da absoluta certeza da vitória da verdade.

Cultiva, portanto, os sentimentos e mantém os propósitos edificantes. Perceberás, surpreso, que as atitudes dos maus não te atingirão, facultando-te através da calma não resistir ao mal que te queiram fazer, conforme lecionou o Senhor, porquanto a integridade da fé em exteriorização de calma dar-te-á forças para vencer as próprias limitações e prosseguir resolutamente, em qualquer circunstância.

6

Convite à caridade

Filho, vai hoje trabalhar na minha Vinha.

(Mateus: 21-28.)

Enquanto a saúde enfloresce as tuas possibilidades de bem-estar, reserva um dia por mês, ao menos, para visitar os irmãos enfermos, que ressarcem pesados tributos pretéritos, muitas vezes em dolorosa soledade, com o espírito tomado de apreensões e angústias.

Companheiros tuberculosos que expungem em leitos de asfixiante espera, em duros intervalos de hemoptises rudes.

Amigos leprosos em isolamento compulsório, acompanhando a dissolução dos tecidos que se desfazem em purulência desagradável.

Irmãos cancerosos sem esperança de recuperação orgânica entre dores e ásperas ansiedades.

Homens e mulheres em delírios de loucura ou presos por cruéis obsessões coercitivas, longe da lucidez, à margem do equilíbrio, em desoladora situação.

Crianças surpreendidas por enfermidades que as ferreteiam impiedosamente, roubando-lhes o frescor juvenil e macerando-as vigorosamente.

Anêmicos e penfigosos, operados em situação irreversível e distônicos vários que enxameiam nos leitos dos hospitais públicos e particulares, nos nosocômios de convênio governamental ou em clínicas diversas sob azorrague incessante.

Seja teu o sorriso de cordialidade franca, através da lembrança de uma palavra fraterna, de uma flor delicada, de uma pergunta gentil em que esteja expresso o interesse pela recuperação, de uma prece discreta ao lado do seu leito, de uma vibração refazente com que podes diminuir os males que inquietam esses seres em necessário resgate.

Lembra-te, porém, que acima do bem que lhes possas fazer, a ti fará muito bem verificar o de que dispões e pouco consideras, bem precioso e de alto valor com que o Senhor te concede a honra de crescer: a saúde!

Vai desde hoje trabalhar na vinha do Senhor.

Caridade para com os que sofrem, em última análise, é caridade para contigo mesmo.

7

Convite à compaixão

Jesus, Mestre, tem compaixão de nós.

(Lucas: 17-14.)

São poucos os que a cultivam.

Há a alegação generalizada de que todo aquele que se apieda sofre desnecessariamente, e depois não há qualquer compensação. Logo se recupera o que ora padece e este retribui a generosidade, o auxílio, com a torpe ingratidão.

Que te importa, porém, se o ingrato for o outro?

Não se renova a árvore após a poda, produzindo em abundância e o solo revolvido, não aceita melhor a semente?

O essencial é que sejas partícipe ativo da renovação social e espiritual da Terra.

Para esse mister não arroles dificuldades, não apontes incompreensões, não relaciones queixas.

Possivelmente não poderás fazer muito, ante a larga faixa dos que expungem, dos que padecem necessárias retificações. Dispões, no entanto, do amor, e assim enriquecido ser-te-á possível oferecer valiosas moedas de compaixão e fraternidade.

Disporás de um momento para ouvir as ânsias do espírito atribulado e ofereceres o roteiro seguro do Evangelho; terás a moeda da esperança para distenderes ao desafortunado, que tudo perdeu no jogo da ilusão e agora está à borda da loucura ou do suicídio; contribuirás com a oração intercessória, quando outros recursos já não sejam utilizáveis junto ao que se permitiu colher pelas circunstâncias infelizes que ele mesmo engendrou e das quais não pode escapar; distenderás o lenço do conforto, sugerindo que o perseguidor reconsidere a atitude, pois que mais tarde será ele o perseguido; lembrarás o impositivo das leis divinas àqueles que se facultam desonestidade e torpezas morais, se tiveres compaixão...

O Mestre, apiedado daqueles leprosos, sugeriu que se apresentassem aos sacerdotes, acontecendo que, em pleno caminho, se tornaram limpos...

Todos possuímos males que nos maculam o espírito e nos maceram interiormente. Apiedando-nos do próximo, credenciar-nos-emos à compaixão do Senhor, que nos favorecerá com a oportunidade de nos limparmos pelo caminho, também, antes de nos apresentarmos à Lei.

8

Convite à continência

... A vossa santificação que vos abstenhais da prostituição.

(I Ts.: 4-3.)

Referimo-nos ao equilíbrio no uso das funções sexuais, em face dos modernos conceitos éticos, estribados nas mais vulgares expressões do sensualismo e da perversão.

Disciplina moral, como condição de paz fomentadora de ordem física e psíquica nos diversos departamentos celulares do corpo que te serve de veículo à evolução.

A mente atormentada por falsas necessidades responsabiliza-se por disfunções glandulares, que perturbam a boa marcha das organizações fisiológica e psicológica do homem.

Entre as necessidades sexuais normais, perfeitamente controláveis, e as ingentes exigências do condicionamento a que o indivíduo se permite por educação, por sociabilidade, por desvirtuamento, há a fuga espetacular para os prazeres da função descabida do aparelho genésico, de cujo abuso só mais tarde aparecem as conseqüências físicas, emocionais e psíquicas, em quadro de grave comprometimento moral.

Em todos os tempos, o desregramento sexual dos homens tem sido responsável por crises sérias no estatuto das nações. Guerras cruéis que assolaram povos, arbitrariedades cometidas em larga escala, em toda parte, absurdos do poder exorbitante, perseguições inomináveis, contínuas, tragédias bem urdidas, crimes nefandos têm recebido os ingredientes básicos das distonias decorrentes do sexo em desalinho, eito de maldições e peste de suplícios intérminos para quantos se lhe tornam áulicos subservientes.

Quedas espetaculares na rampa da alucinação, homicídios culposos, latrocínios infelizes e perversões sem conto fazem a estatística dos disparates nefandos do sexo em descontrole, perfeitamente adotado pela falsa cultura hodierna.

Continência, portanto, enquanto as forças do equilíbrio íntimo se fazem condutoras da marcha orgânica.

Dieta salutar, enquanto o matrimônio não se encarrega de propiciar a harmonia indispensável para a jornada afetiva.

Mesmo na vida conjugal, se desejas estabelecer normas para a felicidade, cuida-te da licenciosidade perniciosa, do abuso perturbador, da imaginação em desvario...

Se te parecerem difíceis os exercícios de continência, recorda-te da oração e mergulha a mente nos rios da prece, onde haurirás resistência contra o mal e inspiração para o bem.

Quando, porém, te sentires mais açulado e inquieto, a ponto de cair, refaze-te através do passe restaurador de forças e da água fluidificada, capazes de ajudar-te na empresa mantenedora da harmonia necessária ao progresso do teu espírito, na atual conjuntura carnal, evitando a prostituição dos costumes, sempre em voga, responsável por mil desditas desde há muito.

9

Convite à coragem

... O Senhor pondo-se ao lado dele [Paulo], disse: Tem bom ânimo.

(Atos: 23-11.)

"Sorte madrasta!" – Desabafaste, após a dificuldade que te chegou de surpresa.

"Tudo de ruim me acontece!" – Proferiste, em desalinho mental, após o problema intrincado que tomou corpo sem que o esperasses.

"Não poderia ser pior!" – Reclamaste em pleno clima do desespero que te absorveu.

Todavia, relegas a plano de olvido todas as coisas boas que vens fruindo, que possuis.

Faze um giro pelos hospitais onde estão os rebotalhos do sofrimento. Além daqueles ali albergados, há outros sofredores que experimentam maior soma de inquietações...

Multidões de mutilados estão lutando para se readaptarem à vida; cegos exercitam a memória e surdos-mudos aprendem a leitura labial para saírem do isolamento em que se demoram; as crianças retardadas se submetem a tratamentos técnicos, penosos; gagos corrigem a fala a duros penates; operados de intrincados problemas orgânicos deixam-se conduzir sob limitações coercitivas em difíceis processos para a sobrevivência física...

E as mães desassossegadas ante filhos inditosos, esposos traídos, irmãos malsinados, cujas dores passam ignoradas?

Sai da noite a que te recolhes em pessimismo, e tem coragem.

Insucesso é ocorrência perfeitamente natural, que acontece a toda e qualquer criatura.

Problemas são desafios à luta, e dificuldades são testes de promoção espiritual.

Indispensável manter o bom ânimo em qualquer lugar e posição, recordando a necessidade de nobre aplicação dos valores de que dispões: visão, palavra, audição, movimento, lucidez e tantos outros, distribuindo bênçãos entre os que conduzem mais pesado fardo.

... E seja qual for a provação que te surpreenda, tem coragem!

O pior que pode acontecer a alguém é entregar-se à descrença, apagando a chama íntima da fé e caminhar em plena escuridão da estrada, sem arrimo.

Assim, confia em Deus, e, corajoso, prossegue de espírito tranqüilo.

10

Convite à decisão

Nenhum servo pode servir a dois senhores.

(Lucas: 16-13.)

Será possível o consórcio da Espiritualidade com as ambições mundanas?

Será crível amar as estrelas e demorar-se no charco?

Pode-se estudar o bem e cultivar a ilusão?

Permite-se o concurso da saúde no organismo debilitado?

É factível a dedicação à caridade e o comércio com a rebeldia?

Disse Jesus com propriedade inalterável: "Não se serve bem a dois senhores".

Sem dúvida não nos encontramos diante da necessidade de construir comunidades novas em que a ojeriza ao mundo se patenteie pela fuga aos cometimentos humanos. Não estamos diante de uma imposição para que se edifiquem células quistosas no organismo social, em que os membros se transformem em marginais da vida contemporânea. Desejamos aclarar quanto à necessidade de que aquele que encontrou a rota luminosa da Verdade, por um princípio de coerência natural não se deve permitir engodos.

Desde que não se podem coadunar realidades que se contrapõem, tu que conheces os objetivos da vida não deves permitir fixações e posições falsas que já deverias ter abandonado a benefício da paz interior, enquanto convivendo com atitudes dúbias, navegando no mar das indecisões, estarás na crista e nas baixadas das ondas das dúvidas sob as contingências das posições emocionais em atropelo.

O convite do Cristo tem sido sempre imperioso. Tomando-se da charrua não se deve olhar para trás. Diante do desejo da retificação, marchar para o bem e não tornar ao pecado...

Imprescindível decidas o que desejas da vida, como conduzires a vida, qual a idéia que fazes da vida e por fim marcha na direção da Vida que venhas a eleger como rota para a verdadeira Vida.

11

Convite à definição

Eia agora vós que dizeis... amanhã.

(Tiago: 4-13.)

O desânimo exsuda tóxico deprimente e destruidor.

A indiferença é o anestésico da desdita.

A dúvida pode ser comparada à fumaça que perturba a visão.

A incerteza produz distonia perniciosa à paz.

A suspeita dilata a insegurança, estabelecendo contágio perigoso e modesto.

No entanto, o convite do Evangelho à definição é claro:

"Eia agora!" – proclama Tiago.

Não somente hoje, mas seguramente, agora.

Agora é o instante azado da definição de propósitos.

O convite para a resolução libertadora das paixões ultrajantes é ensancha que merece reflexão, sem dúvida, todavia, é, também, diretriz irreversível a ser seguida.

Por toda parte pululam aflições e desaires, multiplicando-se, complexas, as desditas, mas a edificação moral nas linhas austeras do Cristianismo que jaz à margem tem regime de urgência, é inadiável.

Define-te cristão, e, se possível, espírita, atestando-o através dos atos salutares.

Decidido à superação das imperfeições e resolvido à sublimação, começa, agora, a programática renovadora partindo dos pequenos compromissos negativos a que te vinculas, de modo a prosseguires, seguro, pela senda feliz – a do dever reto nobremente exercido –, a única que produz alegria e paz reais.

Definição é atitude de maturidade espiritual. Realiza-a, agora.

12

Convite ao desprendimento

Não ajunteis para vós tesouros na terra, onde a traça e a ferrugem os consomem, e onde os ladrões penetram e roubam...

(Mateus: 6-19.)

Desprendimento na qualidade de desapego, não de estroinice nem dissipação.

Todo e qualquer motivo que ata à retaguarda sob condicionamentos retentivos se transforma em cadeia escravizante.

Os objetos a que o homem se apega valem os preços que lhes são emprestados, constituindo-se elos a impedirem a avanço do possuidor, na direção do futuro...

Desapego, portanto, em forma de libertação do liame pessoal egoístico e tormentoso que constitui presídio e patíbulo para quem se fixa negativamente como para aquele que se faz sua vítima afetiva.

Libertar-se das aflições constritivas, asfixiantes, para marchar com segurança.

Doa com alegria quanto possas, generosamente.

O que distribuis com equilíbrio e lucidez multiplica-se, o que reténs reduz-se.

Abundância, como excesso, engendram miséria e loucura.

Distende assim mão generosa na alfândega da fraternidade, mas liberta-te da emotividade desregrada, da posse afetuosa a objetos, animais e pessoas, porquanto mais carinhos que te mereçam, mais devoção que lhes dês, chegará o dia de atravessares o portal do túmulo, fazendo-o em soledade, livre de amarras ou jungido ao que se demorará a desgastar-se, pela ferrugem, pelo azinhavre, corroído ou simplesmente em trânsito por outras mãos ante a tua tormentosa impossibilidade de reter e interferir.

13

Convite ao dever

Sede, pois, vós outros, perfeitos, como perfeito é o vosso Pai celestial.

(Mateus: 5-48.)

Como diretriz de segurança, qual dínamo propulsor do progresso, semelhante à resistência contra os desequilíbrios, o dever se encontra insculpido como fator preponderante em todo ser que pensa.

Desnaturá-lo ao suborno da ilusão, conspurcá-lo face a injunções constritoras, desconsiderá-lo ao império da anarquia é descer psiquicamente aos subníveis da humanização...

Desertam homens porque lhes faltam os implementos da coragem, estimulados, dizem, pela preponderância da perturbação que grassa generalizada.

Angustiam-se outros, descoroçoados ante a vitória do desvalor e da astúcia, contemplando os insucessos contínuos da honra e da honestidade.

Esmorecem os menos temperados na forja da fé, porque fatores negativos da distrofia social se sobrepõem aos lídimos esforços da abnegação...

Equívocos, porém, não constituem regra; sempre são exceções às normas da mesma forma que as sombras não podem construir realidades, graças à própria essência de que se vitalizam.

O dever, inerente a todos os homens, é manifestação da Divina Lei, consubstanciando os objetivos da vida inteligente na Terra.

"O homem que cumpre o seu dever ama a Deus mais do que às criaturas e ama as criaturas mais do que a si mesmo."*

Mesmo que na aparência estejas no lado errado, desincumbindo-te dos deveres que te dizem respeito, não te aflijas. Consciência é presença de que ninguém conseguirá despojar-se.

Não importa que os outros desconheçam os erros que hajas cometido ou as ações nobres praticadas... O essencial é que o saibas.

O engano passa, mas o dever retamente exercido fica.

A bruma se dilui, enquanto permanecem a claridade e o Sol como estados naturais da vida.

Descontrai-te, portanto, e atende aos teus deveres morais, atuante na comunidade em que vives com a alegria do semeador que antevê na semente submissa a glória do campo coroado de novos e abundantes grãos.

---

* Allan Kardec. *O Evangelho segundo o Espiritismo*. 52.ed. Rio de Janeiro: FEB. Cap. XVII, item 7. (N. da A. espiritual)

14

Convite à disciplina

Somos servos inúteis, fizemos o que devíamos fazer.

(Lucas: 17-10.)

Os néscios não conseguem entendê-la.

Os preguiçosos supõem marginalizá-la.

Os ingratos desconsideram-na.

Os frívolos transferem-na no tempo e na oportunidade.

Os atormentados teimam por evitá-la.

Os vândalos corrompem-na.

Os pervertidos pensam mudar-lhe a estrutura, confundindo o teor em que se apresenta.

Mas, incorruptível, a disciplina traça linhas diretivas e vigorosas, trabalhando o diamante bruto do espírito, a fim de expungí-lo de toda jaça e torná-lo de real valor.

Enxameiam em todo lugar os homens que a conspurcam, enlouquecidos pela tirania do "eu" ou amesquinhados sob o peso da irresponsabilidade.

Nos dias modernos, muitas pessoas acreditam que manter disciplina em relação a si mesmas, como ao próximo e à comunidade – bases que são da Humanidade –, é esforço vão, tendo em vista a vitória dos usurpadores, das facções poderosas que se utilizam da força e da astúcia dos donos dos monopólios, como da impiedade...

No entanto, o mentiroso a si mesmo se engana; o tirano a si próprio se prejudica; o avaro constrói o presídio dourado da loucura pessoal; o criminoso jugula-se à hediondez; o explorador condiciona-se à insaciabilidade.

Ninguém engana, realmente, ninguém.

É da Lei Divina que o homem somente sofre o que deve. Desde que se apresente em condição de vítima expunge, enquanto o algoz adquire débito para ulterior aflição.

Face a isso, disciplina-te no exercício dos pequenos labores para fruíres as alegrias que te conduzirão aos eloqüentes deveres que libertam e acalmam.

Disciplina é impositivo de alevantamento moral fomentador do progresso, base da paz, de que ninguém pode prescindir.

Se as tuas disciplinas morais por enquanto se apresentam como pesada canga, persevera e insiste nelas até que te chegue o instante liberativo em que se transformarão em prazer de plenitude e gozo de harmonia pessoal, decorrentes do júbilo de todos pelo que hajas produzido e conseguido.

15

Convite à edificação

... O amor edifica.

(I Coríntios: 8-1.)

Aqui, escombros acumulados refletindo desolação e queda. Ali, montanhas de resíduos, assoberbando terrenos baldios. Além, poluição multiplicando miasmas, em ameaça à vida. Em toda parte desagregação em regime de urgência, desvalorizando os estímulos otimistas, como se tudo marchasse para um aniquilamento imediato, avassalador...

O erro moral em aceitação tácita, tranqüila.

A conivência com as vantagens da extravagância, favorecendo clima de alucinação e balbúrdia perturbadora...

Não obstante as calamidades, medram as flores da esperança, no mesmo campo terrestre.

O pantanal renovado pela drenagem reverdece-se.

A aridez desértica socorrida pela irrigação torna-se pomar e jardim.

Os muros velhos, desolados, sob tépido beijo solar da primavera, enflorecem-se...

Assim a vida.

Do caos aparente em que o mal governa, a construção nova do bem, a edificação legítima da felicidade.

Não te consideres marginalizado nestes dias, porque teus olhos fitam paisagens lúgubres em que o desencanto moral se demora vencedor e a aflição conduz triunfante.

Operário da ação nobilitante, possuis recursos valiosos para a obra superior.

Necessário, apenas, que te disponhas.

Do terreno revolvido surge a sementeira feliz, dos destroços das demolições nasce a construção atraente.

Edifica o teu lar de paz onde estejas, sem a preocupação de retificar tudo de um só golpe.

Não te agastes com os ociosos, que nada fazem, nem te irrites com os incompreensíveis, que te dificultam a marcha.

Produze a tua quota, mesmo que ela seja a humilde cooperação da gentileza, da paciência, do tijolo modesto ou da colher de cimento da boa vontade, fazendo a tua parte.

Insta contigo próprio a fim de executares o serviço edificante.

Exige-te mais esforço.

Concede-te a oportunidade feliz.

Pondera acuradamente e resolve-te superar quaisquer limites, sejam dificuldades, incapacidade, problemas...

Acima de tudo lembra-te, também, de reedificar-te interiormente consoante o ensino do Senhor, facultando que nasça do *homem velho*, que todos somos, acostumados aos erros e gravames, o *homem novo,* idealista, sonhador do bem, colocado a posto para o amanhã feliz. E tem em mente que só “o amor edifica”.

16

Convite à educação

Porque só um é vosso Mestre, o Cristo.

(Mateus: 23-10.)

Tarefa de todos nós – a educação.

Ajusta-se a peça na engrenagem a benefício do conjunto.

Harmoniza-se a nota musical em prol do poema melódico.

Submete-se o instrumento ao mister a que se destina.

O esforço pela educação não pode ser desconsiderado. Todos temos responsabilidades no contexto da vida, nas realizações humanas, nas atividades sociais, membros que somos da Família Universal.

Ninguém consegue realizar-se isolado.

Ignorância representa enfermidade carente de imediata atenção.

O labor educativo, por isso mesmo, impõe incessantes contribuições, exigindo valiosos investimentos de sacrifício a benefício do conjunto.

Educa-se sempre, quer se pense fazê-lo ou não.

Da mesma forma que a imobilidade seria impossível, a inércia humana e a indiferença são apenas expressões enfermiças. Mesmo nesses estados criam-se condicionamentos que geram hábitos, educando-se mal, em tais circunstâncias, os que se fazem nossos compares.

A anarquia que destila vapores alucinantes conduzindo à estroinice fomenta estados de vandalismo – educação perniciosa.

A ordem dispõe à disciplina que promove a eqüidade, atendendo à justiça – educação edificante.

A educação, assim examinada, traslada-se dos bancos escolares para todos os campos de atividade, fazendo que todos nos transformemos em educadores, vinculados, sem dúvida, àqueles que se nos transformam em seguidores conscientes ou não, aprendizes conosco dos recursos de que nos fazemos portadores.

Jesus, o Educador por Excelência, deu-nos o precioso legado vivo da Sua vida que é sublime lição de como ensinar sempre e incessantemente, produzindo saúde, harmonia e esperança em volta dos passos.

E o Espiritismo, que nos concita a incessante exame educativo de atitudes e comportamentos, conscientiza-nos sobre a responsabilidade de que, mediante a educação correta, chegaremos ao fanal da caridade perfeita.

17

Convite ao equilíbrio

... Que cada um de vós saiba possuir o seu vaso em santidade e Honra.

(I Ts.: 4-4.)

Não há como negá-lo. Profundamente vinculados ao espírito, os hábitos decorrem do uso correto ou não que se imprimem às funções desta ou daquela natureza.

No que diz respeito às experiências sexuais pela imposição procriativa, atendendo à lei de reprodução, o espírito no corpo engendra as grades do presídio em forma de viciações escravizantes ou as asas da sublimação libertadora.

A generalidade das pessoas, no entanto, padece a constrição dos apelos da retaguarda primitiva, fugindo, a princípio impensadamente, e depois em consciência, às responsabilidades em relação ao aparelho genésico, mergulhando nos fundos fossos dos vícios cruéis, nos quais a jaula da loucura aprisiona precipitadamente.

Por isso, sejam quais forem as chamadas liberações morais que te facultem o abuso, resguarda-te no equilíbrio.

Não te permitas fascinar pela falsa tolerância que se desdobra em conivência de indignidade, porquanto, mesmo que as condições sociais legalizem estes ou aqueles atentados à moral e ao pudor, dando-lhes cidadania, a má aplicação das forças genésicas produzirá em ti mesmo lamentáveis processos de ulceração espiritual de presença demorada...

Homossexualismo, heterossexualismo obedecem a programas liberativos que ao espírito são impostos por indispensável necessidade de disciplina da vontade e corrigenda moral.

Respeita, assim, nos limites que a vida te coloca ao alcance da evolução, a oportunidade redentora de que não te podes furtar.

E se te encontras em regime liberativo, sem feridas de qualquer natureza, não resvales nos compromissos negativos, para que não retornes estigmatizado pelas chagas que hoje são exibidas ao aplauso como ao sarcasmo no desfile das ruas e nos veículos de comunicação, produzindo cinismo e vilania, longe de qualquer terapêutica educativa ou saneadora.

Equilíbrio em qualquer circunstância como sinal de vitória sobre as paixões e de renovação na luta.

Nesse sentido, a recomendação do apóstolo Paulo não dá margem a qualquer eufemismo: "Que vos abstenhais da prostituição".

18

Convite à esperança

Tudo suporta, tudo crê, tudo espera, tudo sofre.

(I Coríntios: 13-7.)

Não obstante estejam carrancudas as nuvens do teu céu, prenunciando borrasca próxima, aflitiva, espera. Após a tempestade que, talvez advenha, talvez não, defrontarás dia claro pelo caminho.

Embora a soledade amarga a fazer-te sofrer fel e dor como se já não suportasses mais a lenta e silenciosa agonia, espera. Amanhã, possivelmente dois braços amigos estarão envolvendo-te e voz veludosa cantará aos teus ouvidos gentil canção...

Mesmo que tudo conspire contra os propósitos abraçados, ameaçando planos zelosamente cuidados, espera. Há surpresas que constituem interferência Divina, modificando paisagens humanas, alterando rumos considerados corretos.

Apesar de a chibata caluniosa fazer-te experimentar reproche e desconsideração, arrojando-te à rua do descrédito, espera. A verdade chega após a calamidade da intrujice para demonstrar a grandeza da sua força, renovando conceituações.

À borda do abismo do desespero, incompreendido e em sofrimento, estuga o passo e espera. Reconsidera atitudes mentais e recomeça o labor. *O futuro se consolida mediante as realizações do presente...*

Esperança expressa integração no organograma da vida.

O rio muda o curso, a montanha desaparece, a árvore fenece, o grão germina, enquanto esperam... A mãe grandiloqüente do tempo tudo muda. O que agora parece sombras, logo mais surge e ressurge em ouro fulvo de luz.

Espera, diz o Evangelho, e ama.

Espera, responde a vida, e serve.

Espera, proclamam os justos, e perdoa.

Espera no dever distribuindo consolo e compreensão, porquanto, a fim de que houvesse a gloriosa ascensão do Senhor, na montanha de Betânia, aconteceram a traição infame, o cerco da inveja, a gritaria do julgamento arbitrário e a Cruz odienta, que em sublime esperança o Justo transformou na excelsa catapulta para o Reino dos Céus.

19

Convite ao estudo

O homem bom, do bom tesouro do seu coração tira o bem e o homem mau, do mau tesouro tira a mal; porque a sua boca fala o de que está cheio o coração.

(Lucas: 6-45.)

Pugnadores do ceticismo diante das investigações das ciências modernas apresentam apressadas conclusões pessimistas através das quais subestimam os informes espiritualistas com sarcasmos e azedumes.

Tratadistas da negação arremetem, desesperados, contra as expressões imortalistas, apoiando-se nas filosofias do desespero como se elas pudessem equacionar todos os enigmas da inquietação humana.

Anarquistas apaixonados, face às alterações econômico-sociais, arremetem revoltados, em fúria brutal contra as vivas lições cristãs, como desejando tudo romper e aniquilar.

Assumem atitudes aberrantes os hodiernos condutores da mente e do comportamento do homem, a reivindicar chegado o período da felicidade, que é aflição disfarçada pelos alucinógenos e gozos fugazes em prenúncio da grande degradação em massa...

Mais do que nunca, portanto, se afigura a necessidade consciente do estudo espírita como veículo de libertação da consciência e rota iluminativa na viagem da evolução...

O estudo espírita conduz o discípulo ao esclarecimento que é base de segurança, condição precípua à paz.

Muitos estudiosos do Espiritismo, não obstante as convicções que esposam, sem a necessária maturidade ante problemas de pequena monta, desertam das fileiras da fé, afirmando que novos conhecimentos os afastaram das realidades espíritas por se encontrarem estas ultrapassadas.

A Doutrina Espírita, no entanto, portadora das informações que oferecem segurança e harmonia íntima, requer demorado estudo e bem estruturada reflexão, para ser mais bem assimilada e mais facilmente vivida...

Aprofunda, por tua vez, o pensamento no estudo da revelação kardequiana, reservando algum tempo do dia, cada semana, ao estudo freqüente, a fim de impregnar-te da convicção e da renovação indispensáveis à preservação do patrimônio espiritual com o qual despertarás além da vida orgânica.

Examina o conhecimento geral à luz do Espiritismo e assimilarás melhor as conquistas dos dias modernos, despertando em definitivo para a vida melhor, curado das mazelas antigas fixadas no espírito e assim ascenderás além e acima das vicissitudes.

Outro não foi o título exigido por Jesus, senão o de Mestre, fazendo-nos discípulos permanentes ante o sublime livro da vida. Da mesma forma, a fim de poder ministrar a lição clarificadora do Espiritismo à Humanidade, Kardec fez-se professor para ajudar-nos a estudar e a refletir as sagradas lições do dever e da caridade que são as metas para a nossa real liberação.

20

Convite ao Evangelho

Segui-me e eu vos farei pescadores de homens.

(Mateus: 4-19.)

Não há alternativa: seguir Jesus ou atormentar-se.

Ao Seu lado a estrada apresentará os mesmos calhaus e cardos, sob sol ardente ou granizo forte na quadra hibernal. As dificuldades não serão menos rudes e os sacrifícios em crescendo não diminuirão de improviso.

Renúncia e testemunhos à Verdade far-se-ão necessários a cada passo, de modo a exalçar a qualidade da Mensagem de que te fazes intermediário.

Semeando estrelas serás convidado a clarificar trevas, sofrendo no mister as condições de tempo e lugar onde deves agir.

Adversários de ontem e antipatizantes de hoje se darão as mãos numa cruzada severa e tirânica em oposição aos ideais nobremente acalentados. Os primeiros, reencarnados ou não, conhecem-te as limitações e as desditas pretéritas em que te arrimavas: não crêem na tua renovação atual. Os segundos, impossibilitados de alçarem vôos soberanos contigo, vitimados pela imperícia, sentir-se-ão mal ante a primavera das tuas aspirações, marchando, sutis uns, violentos outros, de encontro às elevadas cogitações que te arrebatam.

Distante d'Ele não menores são as tribulações. Amplia-se o campo a joeirar, e a dor envolvente não tem consolo.

Em Jesus, no entanto, encontrarás segurança e sustentação.

Sem Ele experimentarás o vazio da soledade e o desespero da inutilidade.

O Evangelho é clima de paz em permanente efusão de esperança.

O mundo é só oportunidade.

O que ora não colimes, lobrigarás depois.

O que hoje escasseie, amanhã abundará.

Despoja-te das dispensáveis indumentárias da ambição terrena.

A jornada pela Terra objetiva aprendizagem, renovação.

Tornarás à vida verdadeira concluído o curso. E volverás com o resultado das experiências felizes ou desditosas que acumulares enquanto no curso da oportunidade.

Não te agastes face aos problemas naturais, que sejam decorrentes da tua filiação ao Evangelho.

Sábio é o homem que discerne melhor, fazendo opções elevadas: trocando o transitório de agora pelo permanente de sempre.

No corpo tudo passa, e rapidamente passa.

Apenas as realizações se fixam como convites ao retorno reparador ou concitações a estágios mais altos.

Faze-te pescador de almas.

Atirando as redes no mar dos homens, recolhê-los-ás, aqueles que padecem e anelam paz, felicitado pela inefável companhia do Cristo, o Sublime Pescador que até hoje, pacientemente, espera colher-nos nas malhas do Seu pulcro amor.

21

Convite ao exame

Ponde tudo à prova, retende o que é bom.

(I Ts.: 5-21.)

A vida submete-te a cada instante a rigorosos exames, severas provas, através de cujos resultados credencias-te a investimentos maiores e à utilização de valores expressivos.

Nem sempre consegues discernir quando estás sob testes, tão sutis se apresentam ou em currículo de aprendizagem, tão profundos e insondáveis são os misteres da Lei Divina.

Justo que estejas vigilante, em atitude de cuidadoso comportamento.

O rio das oportunidades passa com suas águas sem que retornem nas mesmas circunstâncias ou situação.

O milagre da hora azada não se repete como seria de desejar, impelindo o homem ao salutar aproveitamento do instante.

Conveniente examinar, também, as ocorrências, as concessões, as lições do caminho, de modo a retirar o que seja de bom, para o aproveitamento que armazenarás a benefício próprio.

Não impeças a informação de alguém interessado em auxiliar-te, mesmo que isto te pareça desagradável. Todos temos algo a ensinar a outrem.

Não sejas aprioristicamente contra isso ou aquilo, antes de conhecer o conteúdo. Sábio verdadeiramente é todo aquele que consegue descobrir o lado útil das pessoas e das coisas.

Não negues a atenção a um problema que te chega, embora a solução possa esperar um pouco. A cada labor seu necessário cuidado.

Enquanto na Terra, todos nos encontramos em reparos, reformas, aprendizagens.

Examinar o que nos chega, como nos chega e penetrar na fonte do conhecimento, para, conforme o Apóstolo Tarsense, reter o que é bom, representa valiosa conquista que não nos cabe subestimar.

Jesus, não obstante a grandeza da Sua tarefa entre os homens, examinou todos os problemas que Lhe chegavam, apresentando soluções simples e carinhosas, comparando e atendendo às solicitações diversas, perscrutando tudo e todos e tecendo a túnica nupcial do seu perene noivado com a Humanidade, através das coisas mais insignificantes a que emprestava beleza e magnitude, conseguindo, até mesmo, transformar a cruz da desonra em símbolo de estoicismo e nobreza, depois que transitou carregando-a e nela deixando-se martirizar.

22

Convite à fé

Se tivésseis a fé do tamanho de um grão de mostarda...

(Mateus: 17-20.)

Para que a chama arda é indispensável a sustentação pelo combustível.

A fim de que o rio se agigante, a nascente prossegue sustentando-lhe o curso.

A mesa enriquecida pelo pão sacrifica o grão de trigo generoso.

No ministério da vida espiritual, a fim de que o homem sobreviva ao clima de desespero que irrompe de todo lado, com as altas cargas da aflição, do medo, da dúvida, que se generalizam, a fé é imprescindível para a aquisição do equilíbrio.

Seu milagre, todavia, depende do esforço despendido em prol da sua própria manutenção.

À fé inata devem ser adicionados os valores da reflexão e da prece de modo a canalizar a inspiração superior que passa a constituir fonte geradora de preservação do necessário capital de confiança.

Às vezes, para que as sementes que jazem no solo das almas, em latência, se desdobrem em embriões de vida, torna-se imperioso surjam condicionamentos psíquicos, somente possíveis mediante a busca sistemática pela razão, pelos fatos, através da investigação.

Seja, porém, como seja, o homem não pode prescindir do valioso contributo da fé, a fim de colimar os objetivos da reencarnação.

Apressado, ante a infeliz aplicação do avião nos jogos da guerra, Alberto Santos Dumont preferiu a fuga, através do autocídio nefário...

Porque a dinamite fora usada para extermínio de povos, Alfred Nobel amargurou-se até a desencarnação...

Se tivessem fé, poderiam acompanhar a marcha do progresso, ensejada pelos seus inventos, colocados a serviço mesmo da Humanidade.

Não obstante houvessem perseverado confiantes no êxito dos seus empreendimentos, faltou-lhes a fé religiosa para sustentá-los nos momentos terríveis que tiveram de considerar, em face da vida física que se extingue e da espiritual que é indestrutível.

A fé é a flama divina que aquece o espírito e dá-lhe forças para superar tudo: mágoas, desaires, revoltas, traições e até mesmo a morte.

Alimentá-la para a própria paz é indeclinável dever que não podes postergar.

23

Convite à felicidade

O meu reino não é deste mundo.

(João: 18-36.)

Desnecessária a fortuna a fim de fruí-la.

Secundária a juventude de modo a gozá-la.

Dispensável o poder para experimentá-la.

A felicidade independe dos valores externos, sempre transitórios, sem maior significação além daquela que se lhe atribuem.

Quando na velhice, o homem repassa as evocações, os sucessos e lamenta a juventude vencida.

Na enfermidade, considera os tesouros da saúde e sofre-lhe a ausência.

Diante da constrição da pobreza lembra as dádivas das moedas e experimenta amargura por não as possuir.

Sob condições de dependência, padece não ser forte no mundo dos negócios ou da política, deixando-se afligir desnecessariamente.

Acicatado por problemas morais, angustia-se ao verificar o júbilo alheio daqueles que transitam guindados a situações de destaque ou exibindo sorrisos de tranqüilidade...

Isso por ignorar o testemunho de aflição que cada um deve doar no panorama da evolução inadiável, de que ninguém se pode eximir.

Felicidade é construção demorada, que se realiza interiormente a tributo de laboriosa ação sacrificial.

Sem características externas, a seu turno, quando invade o ser, exterioriza-se qual luz brilhante aprisionada em redoma de delicado cristal...

Mesmo quando o homem consegue adicionar a juventude, o poder, a fortuna e a saúde aparente, a felicidade não está implicitamente com ele.

Por essa razão, lecionou Jesus que o Seu Reino não é deste mundo, como a corroborar que a felicidade não pode ser encontrada na Terra, por ser ainda o Orbe o domicílio expiatório e de provações onde todos forjamos a felicidade real, que virá só futuramente.

Realiza o teu quinhão de dever com devotamento e faze sempre o melhor a fim de que o aplauso da consciência tranqüila te conduza ao pórtico da felicidade real.

Não te exasperes face à desdita aparente. Nem te apegues ao júbilo momentâneo também ilusório.

De tudo e todos os estados retira o proveito da aprendizagem e, assim fazendo, a pouco e pouco perceberás que a felicidade é conseqüência da auto-iluminação libertadora, como decorrência do amor exercido em plenitude fraternal.

24

Convite à fidelidade

Mas o fruto do Espírito são a caridade, o gozo, a paz, a longanimidade, a benignidade, a bondade, a fidelidade.

(Gálatas: 5-22.)

Ao sabor das emoções mudam de opiniões aqueles que não possuem forças morais capazes de se fixar nos ideais de enobrecimento.

Irrefletidos, aderem às idéias em voga sem mais acentuado esforço de exame, de penetração, de amadurecimento. Sob estímulos novos, abandonam convicções e atitudes, transferindo-se mui facilmente de comboio, com preferência por aquele onde governa a insensatez.

Insatisfeitos aqui e ali, em qualquer lugar são instáveis emocionalmente.

Fidelidade! – eis o que escasseia nos diversos labores humanos.

Os ideais de elevação são sempre resistentes às transições e mutações dos homens, tempos e circunstâncias.

Daí se conhecerem os verdadeiros homens através da resistência com que sustentam os ideais, perseverando leais aos postulados abraçados, mesmo quando outros os abandonaram.

Indubitavelmente, desde que maiores e mais amplos esclarecimentos são conseguidos, pode o homem discernir com melhor acerto, sendo motivado a novos investimentos como a novas buscas.

Fundamentado na razão, filtra as idéias do passado, renova-as, e desde que constate não resistirem ao escopro da lógica ou ao bisturi do bom senso, estriba-se em conceitos outros, mais bem urdidos e mais apropriados com que avança nos rumos do amanhã.

Ninguém pode viver realmente sem o estímulo e a sustentação dos ideais superiores.

Antes que ruíssem impérios e civilizações, que tombassem vitimados pela leviandade e arbitrariedade, os grandes homens, os ideais que os mantinham e estimulavam foram desprezados...

À medida que a volúpia desta ou daquela natureza estruge no espírito invigilante e o domina, as fileiras dos lidadores das causas humanitárias se desfalcam.

Uns desertam por cansaço, dizem.

Outros fogem por saturação, explicam.

Diversos abandonam por falta de tempo, elucidam.

Alguns mudam para examinar outros objetivos, justificam-se...

Sê fiel tu.

Abrasados pela fé, nas hostes espiritistas em que te encontras, ama, serve, passa, fiel a ti mesmo e à Causa, seja qual for o tributo que te vejas forçado a pagar, devotado e leal até o fim.

25

Convite à fraternidade

Ninguém acende uma candeia e a coloca debaixo do módio, mas no velador.

(Mateus: 5-15.)

Abençoado pela oportunidade de progredir em regime de liberdade relativa, no corpo que te serve de esteio para a evolução, considera a situação dos que foram colhidos pelas malhas da criminalidade e expungem em regime carcerário os erros, à margem da sociedade, a benefício deles mesmos e da comunidade.

Visitá-los constitui dever impostergável.

Não é necessário que sindiques as razões que os retêm entre as grades ou no campo aberto das colônias agrícolas correcionais ou que te inquietes em face aos dramas que os sobrecarregam.

Há sim, alguns que são criminosos impenitentes, reincidentes, sem coração... Doentes, portanto, psicopatas infelizes ou obsidiados atormentados, sem dúvida...

Outros, no entanto...

Mães que não suportaram os incessantes maus tratos de companheiros degenerados;

irmãos avassalados pelo que consideravam injustiças terríveis e não tiveram energias para superar o momento crítico;

operários espezinhados que não dispunham de forças para vencer a crise;

patrões ludibriados que tomaram a justiça nas mãos;

jovens viciados por este ou aquele fator desequilibrante, que agiram atados sob a constrição de drogas ou paixões;

homens e mulheres probos que foram surpreendidos pela infelicidade num momento de fraqueza;

adolescentes ou anciãos que foram levados ao furto pela fome...

Quantas crianças, também, em reformatórios, escolas corretivas, porque não tiveram um pouco de carinho e desde cedo somente receberam reproche e desprezo social!

Podes fazer algo.

Tens muito para dar, especialmente no que diz respeito a valores morais e espirituais.

Confraterniza com eles e acende nas suas almas a flama do ideal imortalista, para que encontrem, mesmo aí onde sofrem, um norte que lhes constitua bússola e rota na imensa noite do desespero que sempre irrompe nas celas em que se demoram enjaulados por fora ou encarcerados por dentro.

Constatarás que ajudá-los é ajudar-se, e ser fraterno para com eles é libertar-se de várias constrições que te inquietam, pondo a luz da tua fé no velador da fraternidade.

26

Convite à gratidão

Bendizei aos que vos maldizem, orai pelos que vos insultam.

(Lucas: 6-28.)

Por temperamento te retrais em muitas circunstâncias, quando deverias e poderias exteriorizar os sentimentos que portas.

Supões que todos marcham guindados à alegria, tão jubilosos se manifestam, que evitas traduzir os tesouros da boa palavra e da gentileza que se vão enferrujando por desuso nos cofres do teu coração.

Recebes dádivas, fruis oportunidades, recolhes bênçãos, acumulas favores, arrolas benefícios e somente uma formal expressão já desgastada de reconhecimento te escapa dos lábios.

Justificas-te no pressuposto de que retribuíste com a necessária remuneração, nada mais podendo ou devendo fazer.

Não há, porém, moeda que recompense uma noite de assistência carinhosa à cabeceira do leito de um enfermo.

É sempre pálido o pagamento material, passado o sacrifício de quem se nos dedicou em forças e carinho.

Mas o gesto de ternura, a palavra cálida, a atenção gentil, o sorriso de afeto espontâneo são valores-gratidão que não nos cabe desconsiderar ou esquecer.

Em muitos profissionais deste ou daquele mister esfria-se a dedicação, substituída por uma cortesia estudada e sem vida, em conseqüência da ingratidão constante dos beneficiários das suas mãos e das suas atenções.

Acostumaram-se a ver no cliente de tal ou qual procedência apenas um outro a mais e se desvincularam afetivamente, por não receberem o calor humano do sentimento da gratidão.

Gratidão, como amor, é também dever que não apenas aquece quem recebe, como reconforta quem oferece.

A pétala de rosa espalhando perfume ignora a emoção e a alegria que propicia.

Doa a tua expressão de reconhecimento junto aos que se tornaram frios, e o teu amor aquecê-los-á.

Batendo-se-lhes às portas da afetividade, por gratidão, elas se abrirão para que a paz que ofereças reine em derredor deles e de ti mesmo, porquanto a regra excelsa é bendizer até aqueles que nos maldizem, orando por quantos nos insultam.

27

Convite à harmonia

Pois toda criatura de Deus é boa e nada deve ser rejeitado, se é recebido com gratidão.

(I Timóteo: 4-4.)

Como hábito, uma que outra vez com regularidade, altera o ritmo das atividades do quotidiano, a fim de haurires na comunhão da Natureza a necessária harmonia para o prosseguimento dos labores abençoados.

Uma evasão da cidade agitada na direção do bosque.

Uma excursão a um local bucólico e ameno.

Uma jornada aos campos dos arredores.

Uma caminhada pela orla marinha.

Um convescote à montanha...

Paisagens novas, inabituais à contemplação, ao exercício, à reflexão.

Nesse recanto uma delicada flor oscilando em haste tênue; do alto visão ampliada, superando detalhes e vencendo distâncias; em volta o ar rarefeito, dúlcido, respirável; pequenas boninas salpicando o verdor de todos os tons; o pulsar do corpo gigante do mar; búzios e algas variadas pelas praias, despertando atenção; painéis coloridos, variados, o céu, o sol, a vida...

Detém-te um pouco a considerar a harmonia que palpita em toda parte, ausculta o *coração* da Natureza, deixando-te arrastar...

Refaze programações, renova o entusiasmo, desasfixiando-te, eliminando tóxicos, miasmas que te excitam no dia-a-dia ou te entorpecem na maior parte das horas...

Nada de complexas, exaustivas arrumações: barracas, farnéis, guloseimas, isto, aquilo...

Algumas horas nada são. Não devem ser complicadas, de modo a não se converterem em nova inquietação, diferente ansiedade.

Se, todavia, acreditares não dispor de tempo, de oportunidade, de meios – recurso nenhum, senão disposição –, abre a janela, à noite, e *fala* às estrelas, *escuta* os astros fulgurantes, harmoniza-te.

Harmonia é também pão e medicamento. Não prescindirás dela se pretendes lograr êxito.

Mesmo Jesus, após as atividades de cada dia, ao lado dos amigos, refugiava-se, longe das multidões, no contato com a Natureza, orando, para prosseguir em harmonia com o Pai. E como afirma Paulo que "toda criatura de Deus é boa", mister se faz desdobrar essa natural bondade, a fim de que, em harmonia, tudo receba "com gratidão."

28

Convite à humildade

... Aprendei de mim que sou manso e humilde de coração.

(Mateus: 11-28.)

Os que são incapazes de consegui-la identificam-na como fraqueza.

Os pessimistas que chafurdam no poço do orgulho ferido e não se dispõem à luta detestam-na, porque se sentem incapazes de possuí-la.

Os derrotistas utilizam-se da subestima para denegri-la.

Os fracos, falsamente investidos de força, falseiam-lhe o significado, deturpando-lhe a soberana realidade.

Porque muitos não lograram vivê-la e derraparam em plenos exercícios, desconsideram-na...

Ela, no entanto, fulgura e prossegue.

Sustenta no cansaço, acalenta nas dores, robustece na luta, encoraja no insucesso, levanta na queda... Louva a dor que corrige, abençoa a dificuldade que ensina, agradece a soledade que exercita a reflexão, ampara o trabalho que disciplina e é reconhecida a todos, mesmo aos que passam por maus, por ensinarem, embora inconscientemente, o valor dos bons e a excelência do bem.

Chega e dulcifica a amargura, balsamizando qualquer ferida exposta, mesmo em chaga repelente.

Identifica-se pela meiguice, e, sutil, agrada, oferecendo plenitude, quando tudo conspira contra a paz de que se faz instrumento.

Escudo dos verdadeiros heróis, tem sido a coroa dos mártires, o sinal dos santos e a característica dos sábios.

Com ela o homem adquire grandeza interior, e considerando a majestade da Criação, como membro atuante da vida, que é, eleva-se e, assim, eleva a humanidade inteira.

Conquistá-la, ao fim das pelejas exaustivas, é lograr a paz.

No diálogo entre Jesus e Pilatos, esteve presente no silêncio do Amigo Divino e ausente no enganado fâmulo de César...

Seu nome é humildade.

29

Convite à jovialidade

Se sabeis estas cousas, bem-aventurados sois se as praticardes.

(João: 13-17.)

A palavra áspera aqui e o conceito azedo ali consubstanciam a aura do desagrado.

O cenho carrancudo em regime de continuidade, deformando a aparência da face, materializa a expressão do tormento íntimo.

A habitual constrição facial, exteriorizando desagrado, produz a possibilidade negativa do intercâmbio fraterno...

Eles passam, os atormentados de toda característica, assinalados pela marcas fundas dos dramas que ressumam dos painéis perispirituais, gerando deformidades que exteriorizam, desagradáveis.

Indispensável cultivar a jovialidade em qualquer esfera de ação mormente nas tarefas do Cristianismo Redivivo.

Movimentar o bem como quem suporta pesado fardo, significa desfrutar o próprio bem.

Ensinar alegria e confiança entre asperezas, carrancas e severidade para com os outros e sistemática antipatia representa enunciar palavras belas e viver paisagens sombrias.

Como um semblante vulgarizado por um sorriso de idiotia representa um espírito agrilhoado à expiação, a dureza da face, o verbo cortante constituem as armas de insidiosa enfermidade espiritual.

Jovialidade, portanto.

Um espírito agradável a reproduzir-se numa face amena, não obstante as sombras e as lágrimas que, por vezes, expressam os impositivos da evolução pela dor, gerando simpatias e afabilidades.

Cismando, porém, ameno, carregando a Cruz, todavia, tranqüilo, azorragado e humilhado até à extrema e mísera posição, Jesus manteve o alto padrão da jovialidade, em tal monta que mesmo em agonia amenizou as circunstâncias que exornavam a tarde de hediondez para cantar esperanças aos acompanhantes infelizes, acenando-lhes a promessa do Paraíso, e bordando-lhes a noite pesada em que padeciam intimamente com as estrelas excelsas da paz ditosa.

30

Convite à mediunidade

Ora há diversidades de dons, mas um mesmo é o Espírito; há diversidades de ministérios, e um mesmo é o Senhor.

(I Coríntios: 12-4 e 5.)

Médiuns, mediunidades.

Médiuns todos o somos, e mediunidades possuímo-las todos nós.

Aprimorá-las ou descurá-las, relegando-as a plano secundário, é responsabilidade que cada um exerce mediante o próprio arbítrio.

A argila maleável nas mãos do oleiro é a médium do vaso.

O ferro em ignição, na bigorna e malho do operário, é médium da forma que plasma.

Deixando-se conduzir pelas mãos do Operário Divino, o homem modela e executa as construções mentais superiores, tornando-se cooperador na Obra de Nosso Pai.

Recalcitrando à inspiração elevada, deixa-se, maleável, arrastar por outras ondas de pensamento, colaborando, às vezes, inconscientemente na formação das paisagens de dor, de sombra e de desdita para os outros como para si mesmo.

A verdade é que todos estamos interligados, em ministério mediúnico ativo, incessante, graças aos múltiplos dons de que nos achamos investidos.

Vinculados espírito a espírito pelo impositivo da evolução, desde que constituimos famílias que formam a grande família universal, sintonizamo-nos reciprocamente pelas afinidades e aptidões, ideais e desejos em conúbio imenso, certeza de que somente o amor consegue os objetivos elevados, libertadores.

Assim sendo, medita nas possibilidades mediúnicas de que te encontras possuído e eleva-te pelo exercício das ações nobilitantes, de modo a desdobrares os recursos positivos na realização do bem a que o Senhor a todos nos convoca.

Certamente uns estão mais bem aquinhoados pelas faculdades mediúnicas que lhes são concedidas para a própria edificação à luz consagradora da Doutrina Espírita, que é a única diretriz segura com Jesus para o ministério abençoado de iluminação na Terra.

Se, todavia, não experimentares os sintomas mais evidentes da mediunidade, transforma-te espontaneamente em instrumento do amor e acende a lâmpada do auxílio fraterno no coração, a fim de que a caridade te transforme em médium da esperança entre os que aspiram a um mundo renovado e ditoso para o futuro, desde hoje.

31

Convite à oração

Senhor, ensina-nos a orar.

(Lucas: 11-1.)

Nenhum motivo, por mais ponderável, conforme suponhas, pode constituir impedimento.

Razões expressivas não há que se transformem em empeço.

Atribulações que te assoberbem não significarão óbice ao ministério renovador.

Todas as coisas sob a sua claridade mudam de aspecto e as características antes deprimentes, sombrias, sofrem significativas transformações, ressurgindo com tonalidades mui diversas.

Ante a dúvida ou a ulceração moral, constituem-se segurança e bálsamo refazente.

Mister, porém, fazer uma pausa no turbilhão, não permitindo que o carro do desespero continue correndo sem brida, para encontrar o local de realizá-la.

Exige, como todas as coisas, condições adequadas para culminar o objetivo superior de que se encarrega.

É possível improvisá-la qual se fora um atendimento de urgência, em situação de combate. Terapêutica preciosa, porém, solicita maior dosagem de cuidados para colimar resultados mais poderosos.

Esse antídoto, a qualquer mal, é a oração, a pausa refazente em que o espírito aturdido salta as barreiras impeditivas colocadas pelas turbações de toda ordem, a fim de alcançar as usinas inspirativas do Mundo do Excelso.

Arrimo dos fracos, amparo dos combalidos, sustento dos sofredores, dínamo dos heróis, vitalidade dos santos, perseverança dos sábios, coragem dos mártires, a oração é o interfone por meio do qual o homem fala aos Ouvidos Divinos e por cujos fios recebe as sublimes respostas.

Faze um intervalo nas lutas quanto te permitam as possibilidades e convida-te à oração, a fim de poderes prosseguir intimorato pelo caminho da redenção. Lobrigarás, então, melhor entendimento sobre coisas, fatos e pessoas.

32

Convite à ordem

Mas faça-se tudo com decência e ordem.

(I Coríntios: 14-40.)

Ninguém desconsidere o impositivo da ordem, sejam quais forem os argumentos nos quais estribem as próprias reações.

Ordem é sinônimo de evolução, de equilíbrio.

Muitas vezes, constrangidos pelas circunstâncias, somos convocados à rebelião na pressuposição de que arrebentando as amarras a que nos atamos poderemos fruir liberdade.

Liberdade, todavia, que não se condiciona a diretrizes de segurança mui facilmente se converte em indisciplina que promove a anarquia e favorece a libertinagem...

A ordem conduz ao entendimento dos deveres que ampliam as possibilidades do ser a benefício do progresso.

Nesse particular, a obediência às normativas superiores é dever impostergável para os superiores resultados da vida.

Como devem os pais responsabilidade e esforço em prol da educação e da preservação dos filhos, a estes cabem a submissão e a obediência.

Nem a chocante sobrevivência às condições arbitrárias, nem a indiferença em face aos desvarios que se avolumam por toda parte.

Ordem significa, também, subordinação à Divina Vontade sem exigências nem imposições.

Indispensável compreender a escala da evolução que a todos nos identifica e a todos nos caracteriza. Assim considerando, há aqueles que são os responsáveis pelo progresso, impulsionando a conquista, e aqueles que são cooperadores em diversos estágios do trabalho edificante. Contribuindo com humildade e resignação, o homem se transforma em verdadeiro instrumento do bem, desdobrando possibilidades e mantendo as condições de eficiência para o engrandecimento do mundo e das demais criaturas.

Em toda parte a ordem é mensagem de Deus testificando a Sua Imarcescível Grandeza e Perfeição.

33

Convite ao otimismo

... Estou cheio de conforto, transborda-me o gozo em toda a nossa tribulação.

(II Coríntios: 7-4.)

Não vitalizes tristezas nem desencantos, apesar das configurações de sofrimentos que surjam e se avolumem pela senda que percorres.

Quando tudo parece perdido, invariavelmente uma solução surge, inesperada, providencial. E se não se materializa a resposta almejada, diretriz melhor conduzirá o problema de maneira salutar para ti mesmo, se te dispuseres esperar.

Sombras não se modificam com sombras.

O pântano não renascerá drenado com a condenação da lama.

Mister esparzir luz e fazer canais providenciais.

Para tanto, o homem deve impor-se a tarefa de abrir janelas de otimismo nas salas onde dominaram tristezas e arejar escaninhos pestilenciais de pessimismo mediante o aroma da esperança.

Pessimismo é enfermidade que engendra processo de psicose grave por antecipação de um mal que, talvez, não ocorrerá.

A cada instante as circunstâncias geram circunstâncias outras, fatores atuais compõem fatores futuros, dependendo da direção que lhes imponhas.

Não te canses, desse modo, exageradamente sob o peso da nostalgia ou te entorpeças asfixiado pelos tóxicos das frustrações que todos experimentam...

Entrega-te a Deus e deixa-te conduzir tranqüilamente.

Otimismo é estímulo para o trabalho, vigor para a luta, saúde para a doença das paisagens espirituais e luz para as densas trevas que se demoram em vitória momentânea.

Nas duas traves da Cruz, quando tudo pareceria perdido, o Justo, em excelente lição de otimismo, descerrou os painéis da Vida Verdadeira, morrendo para ressurgir em gloriosa madrugada de Imortalidade, que até hoje é o canto sublime e a rota segura, plena de alegrias para todos nós.

34

Convite à paciência

... Em muita paciência, em aflições, em necessidades, em angústias.

(II Coríntios: 6-4.)

Antiga lenda nórdica narra que alguém perguntou a um sábio como poderia ele explicar a eternidade do tempo e do espaço.

O missionário meditou, e apontando colossal montanha de granito que desafiava as alturas, respondeu com simplicidade: "Suponhamos que uma avezita se proponha a desbastar a rocha imponente, paulatina, insistentemente, atritando o bico de encontro à pedra. Quando houver destruído tudo, estará apenas iniciando a eternidade..."

✧ ✧ ✧

A paciência é o fator que representa, de maneira mais eficiente, o equilíbrio do homem que se candidata a qualquer mister.

Fácil é o entusiasmo do primeiro impulso, comum é o desencanto da terceira hora.

A paciência é a medida metódica e eficaz que ensina a produzir no momento exato a tarefa correta.

Diante do que devemos fazer, não poucas vezes somos acionados pelo implemento da precipitação.

Frente às tarefas acumuladas e aos problemas, indispensável façamos demorado exame e cuidada reflexão antes de apressar atitudes.

Precipitação traduz desarmonia, perturbação, com agravante desconsideração ao tempo.

A paciência significa autoconfiança.

A pirâmide se ergueu bloco a bloco.

As construções grandiosas resultaram da colocação de peça sobre peça.

As gigantescas sequóias se desenvolveram célula a célula.

O que hoje não consigas, perseverando com dignidade e paciência, lograrás amanhã.

Paciência não quer dizer amolentamento, mas dinâmica eficiente e nobre de produzir diante dos deveres que nos competem desdobrar.

Ao lado de alguém que nos subestima – paciência.

Entre as dores que nos chegam – paciência.

Ante o rebelde que nos atormenta – paciência.

O tempo é mestre eficiente que a todos ensina, no momento próprio, com a lição exata plasmando o de que cada um necessita a benefício de si mesmo.

Jesus, acompanhando e inspirando o progresso da Terra, pacientemente espera que o homem se volte para Ele, a fim de que, encarregado da nossa felicidade, possa dirigir-nos pelo caminho que leva a Deus.

Em qualquer circunstância, pois, paz e paciência para o êxito do empreendimento encetado.

35

Convite à palavra

... Porque a sua boca fala o de que está cheio o coração.

(Lucas: 6-45.)

Instrumento valioso é a palavra, doação divina, para o elevado ministério do intercâmbio entre os homens.

Resultado de notáveis experiências, o homem nem sempre a utiliza devidamente, dominado pela leviandade.

Embora o ser humano, com raras exceções expiatórias, seja dotado de recurso vocálico, somente poucos dele se servem com a necessária sabedoria, de modo a construir esperanças, balsamizar dores e traçar rotas de segurança.

Fala-se muito por falar, "matar-se o tempo".

A palavra, não poucas vezes, se converte em estilete da impiedade, em lâmina da maledicência, em bisturi da revolta e golpeia às cegas ao império das torpes paixões.

No entanto, pode modificar estruturas morais, partindo dos ensaios da tolerância às materializações do amor.

Semelhantes a gotas de luz, as boas palavras dirigem conflitos, equacionam incógnitas, resolvem dificuldades.

Falando e lutando insistentemente, Demóstenes tornou-se o insigne orador e construtor de conceitos lapidares dos tempos antigos, vencendo a gagueira, qual Webster ante a timidez, nos tempos hodiernos, na América do Norte...

Falando, heróis e santos reformularam os alicerces da idiossincrasia ancestral, colocando alicerces para a Era Melhor.

Falando, não há muito, Hitler hipnotizou multidões enceguecidas que se atiraram sobre as nações inermes, transformando-as em ruínas por onde passeavam as sombras dos sofrimentos humanos...

Guerras e planos de paz sofrem a poderosa força da palavra.

De tal forma é importante, quc os modernos governantes do mundo, envidando esforços titânicos, modificaram as bases da diplomacia universal, visitando-se reciprocamente para conversar.

A palavra, todavia, deve partir das fontes do pensamento laurizado pelo Evangelho.

Há quem pronuncie palavras doces, com lábios tisnados pelo fel; há quem sorria embora chorando; há aqueles que falam meigamente, cheios de ira e ódio... Mas esses são enfermos em demorado processo de reajuste.

Desculpa a fragilidade alheia, lembrando-te das próprias fraquezas.

Evita censura.

A maledicência começa na palavra do reproche inoportuno.

Se desejas educar, reparar erros, não os abordes estando o responsável ausente.

Toda palavra torpe, como qualquer censura contumaz, faz-se hábito negativo que culmina por envilecer o caráter de quem com isso se compraz.

Enriquece o coração de amor e banha o cérebro com as luzes da misericórdia divina e da sabedoria, a fim de que fales, e fales muito, "o de que está cheio o coração".

36

Convite à parcimônia

Pois todo o que se exalta será humilhado.

(Lucas: 14-11.)

Considerando o volume de problemas, cada dia em mais amplas dimensões, afligindo e amargurando, não sejas omisso ante a imperiosa quão inadiável contribuição que podes dispender a benefício da solução de alguns deles.

Se pensares em profundidade, concluirás que todo distúrbio externo procede das matrizes íntimas da vida. Sejam enfermidades orgânicas ou convulsões sociais, tragédias do lar ou crimes contra a humanidade, todos eles se originam das recônditas circunstâncias espirituais.

O homem como a comunidade são as suas construções mentais.

Medida preventiva como terapêutica preciosa deve ser aplicada, portanto, no âmago das geratrizes reais do ser: o Espírito.

Indiscutivelmente há fome, guerra, miséria social e econômica porque o homem vive em crise de amor. O amor presente, ou ausente, é sempre o responsável pelo progresso ou envilecimento do indivíduo tanto quanto da sociedade.

Por isso, aqueles fatores causais da desagregação econômica – que engendra a decadência social – são antes de tudo, morais, o que equivale afirmar, espirituais.

Não é por outra razão que o Evangelho – esse sublime código moral vivido por Jesus –, na sua dinâmica poderosa, é a grande solução para esta atualidade turbulenta.

Assim compreendendo, dá início ao auto-aprimoramento pessoal, recorrendo a fáceis quão significativos cometimentos:

ante a mesa farta, parcimônia no comer;

diante do vestuário variado e excessivo, parcimônia no trajar;

em face à abundância dos licores e refrescos, parcimônia no libar;

envolto pela teia das facilidades, parcimônia no uso;

guindado ao poder, parcimônia na aplicação de atitudes;

em qualquer lugar ou situação, parcimônia, comedimento como característica de equilíbrio, cooperação para equacionamento de dificuldades.

O teu excesso é escassez do teu irmão.

As tuas arbitrariedades constituem aflição para o teu próximo.

Os teus abusos se convertem em prejuízos alheios.

Reparte o pão, distribuindo o bem fartamente quanto possas, mas sê parcimonioso para contigo mesmo, antes que te transformes em motivo de alheia dor ou raiz de desdita no meio em que vives, sendo humilhado posteriormente como decorrência da exaltação ou do esbanjamento pernicioso.

37

Convite à paz

A paz vos deixo, a minha paz vos dou.

(João: 14-27.)

Estrugem conflitos quais fogos de artifício que apresentam os pavios acesos, e, espalhados espocam, gerando tumulto e alucinação.

Revoltas injustificáveis geram animosidades improcedentes, que se espalham mefíticas intoxicando quantos se encontram no raio de ação.

Expectativas funestas que resultam do pessimismo contumaz, nutrido por mensageiros do equívoco, enredando incautos em corrente contínua de desesperados.

Exaltação por nada flui de todos os lados, passando a energia de alta tensão que descarrega cólera e ira em elevada voltagem que fulmina a curto como a longo prazo.

Ansiedades pela aquisição de valores sem valor real produzem contínua perturbação que afeta o sistema emocional, dando curso a insidiosas enfermidades de conseqüências funestas.

E outras poderosas constrições produzidas pela invigilância de cada um, afligindo de fora para dentro como de dentro para fora, sem ensejar momentos de paz, de asserenamento, de renovação...

... E conflitos do homem em si mesmo, conflitos do lar, conflitos do trabalho, conflitos da comunidade redundando em guerras de extermínio entre os povos como decorrência das lutas irreprimidas e descontroladas em cada criatura e de cada criatura em relação ao próximo.

E é fácil a conquista da paz!

Basta que não ambiciones em demasia, que corrijas os ângulos da observação da vida, que ames e perdoes, que te entregues às mãos de Deus que cuida das "aves do céu" e dos "lírios do campo" e que, por fim, cumpras fielmente com os teus deveres.

Ninguém está em regime de exceção como pessoa alguma se encontra em abandono, em situação nenhuma, na Terra ou fora dela.

Realiza o teu oásis interior e não te escravizes às coisas insignificantes; antes, luta com as armas da paciência e da confiança a fim de conquistares esse tesouro incomparável que é a paz.

38

Convite ao perdão

Porque se perdoardes aos homens as suas ofensas também vosso Pai celeste vos perdoará.

(Mateus: 6-14 e 15.)

Por mais rude haja sido a agressão, perdoa.

Mesmo que a injustiça prossiga amargando as tuas elevadas aspirações, perdoa.

Não obstante o amigo momentaneamente enganado se haja transformado em teu algoz, perdoa.

Apesar dos teus esforços no bem, se nada conseguires, permitindo a sementeira da calúnia a multiplicar dificuldades e espinhos pela senda, perdoa.

Em qualquer circunstância, perdoa aqueles que te ofendam, esquecendo as ofensas com que te agridam.

O ofensor é alguém a um passo do desequilíbrio.

Aquele que se compraz na perseguição ignora o grau de enfermidade que o vitima.

O perseguidor permanece enleado nas teias do desvario e em breve será vítima de si mesmo.

Indubitavelmente a felicidade pertence sempre àquele que pode oferecer, que possui para dar.

Muitas vezes serás convidado ao revide, conclamado à reação engendrada pela ira, que provoca a rebelião, tal a soma de circunstâncias negativas em que te verás envolvido.

Tem, porém, cuidado.

Reflexiona antes de reagir a fim de não agires por precipitação e reflexionares tardiamente.

Jesus, convidado diretamente à reação negativa, vezes sem conta, permaneceu integérrimo, perdoando e amando, por saber que aqueles que O afligiam eram espíritos aturdidos, afligidos em si mesmos, por essa razão, dignos de perdão.

39

Convite à perseverança

... Mas quem perseverar até o fim, esse será salvo.

(Mateus: 10-22.)

Não asseveres: "é-me impossível fazer!"

Nem redargas: "não consigo!"

Nunca informes: "sei que é totalmente inútil aceitar".

Não retruques: "é maior do que as minhas forças".

Para aquele que crê, o impossível é tarefa que somente demora um pouco para ser realizada, já que o possível se pode realizar imediatamente.

Instado a ajudar não te permitas condições, especialmente se fruis o tesouro da possibilidade.

Fácil ser delicado sem esforço, ser amigo sem sacrifício, ser cristão sem autodoação...

Perseverança nos objetivos elevados, com oferenda de amor, é materialização de fé superior.

Para que seja atuante, a fé deve nutrir-se do poder dos esforços caldeados para as finalidades que parecem inatingíveis.

Todos podem iniciar ministérios...

Tarefas incipientes produzem entusiasmos exaltados.

Mede-se, porém o verdadeiro cristão e, particularmente o espírita, pelo investimento que coloca na bolsa de valores imortalistas a render juros de paz...

Unge-te, portanto, de fé e deixa que resplandeça a tua fidelidade ao lado de quem padece.

Não fosse o sofrimento, ninguém suplicaria socorro.

Não fosse a angústia, ninguém se encorajaria a romper os tecidos da alma para exibir exulcerações...

Ninguém se compraz carregando demorada canga, não obstante, confiando em alívio, lenitivo...

Nas cogitações que te cheguem ao plano da razão, interroga como gostarias que fizessem contigo se foras o outro, o sofredor, o necessitado que ora te roga ajuda.

Assim, envolve-te na lã do "Cordeiro de Deus" e persevera ajudando.

Não somente dando o que te sobra, mas aquela doação maior, a que te parece difícil, a quase impossível...

A perseverança dar-te-á paz e plenitude. Insiste na sua execução.

40

Convite à previdência

Buscai primeiro o Reino de Deus e sua justiça e todas estas coisas vos serão acrescentadas.

(Mateus: 6-33.)

Com espírito providencial, vinculaste-te às Entidades Previdenciárias e organizas o futuro.

Diligente, armazenas, operoso, a fim de evitares surpresas.

Atento, adquires valores e arriscas na bolsa, utilizando os atraentes meios de investimento, pensando.

Acautelado, promoves recursos tendo em vista a família, a enfermidade, a velhice.

São todos esses labores valiosos, se considerados do ponto de vista unicamente humano, material.

Se haures, porém, na fé espírita o pábulo da confiança, pensa com mais vigor e avança além.

Sai da carcaça da presente conjuntura carnal e atira-te na direção da vida verdadeira.

Aqueles bens que entesouras são valores que transitam, passam de mãos, desaparecem ou ficam à borda do túmulo.

Reserva-te outros métodos de previdência mais duradoura.

O Evangelho, que é todo um tesouro de investimento eterno ao alcance da tua resolução, pode oferecer-te as imarcescíveis fortunas que ensejam felicidade real.

Não que te devas descuidar dos compromissos que te vinculam à comunidade terrena. Mas que não vivas, apenas, em função deles.

Imperioso também cuidar dos inevitáveis dias porvindouros que te reconduzirão à comunidade dos Espíritos, donde procedemos, diante dos quais e ante a própria consciência farás um balanço dos valores a que te vincules, compreendendo, então, o significado real da previdência colocada ao alcance das tuas atuais possibilidades.

41

Convite à probidade

... Cingidos de verdade e sendo vestidos da couraça da justiça.

(Efésios: 6-14.)

Consideras interiormente revoltado quanto ocorrem em torno de ti, não poucas vezes vitimando-te também:

as circunstâncias negativas que proliferam cruéis, engendrando conflitos arbitrários que dizimam multidões inocentes sob o estrugir de guerras inexoráveis;

a fortuna que transita, passando de cofre a cofre, nos quais a usura coloca terríveis cadeados de dominação;

enfermidades virulentas que desfalcam esperanças, enquanto decompõem corpos de linhas estéticas atraentes, reduzindo-os a escombros orgânicos em degeneração...

Vês a prosperidade dos maus, o júbilo sorrindo excelentes alegrias em bocas acostumadas à maledicência, à calúnia, e aplausos festivos aos que se demoram nas torpezas morais;

a tranqüilidade dormindo em companhia dos usurpadores;

o poder retido em mãos que se levantaram para apoiar carnificinas e o luxo desenfreado naqueles que se estribam em desfrutar do lenocínio organizado, do negócio de tóxicos destruidores, os benefícios da criminalidade de vário porte...

Repassas, mentalmente, as tragédias que abalam as estruturas emocionais do homem como se tudo estivesse na Terra – esse imenso navio fundeado em muitos quilômetros de atmosfera – qual nau à matroca.

Incêndios surpreendendo magotes indefesos e os destruindo;

naufrágios em que perecem centenas de vidas, nos quais crianças e velhinhos são tragados pela voragem das águas volumosas;

desastres aéreos em que se aglutinam esposos e mães devotados ou parentes aturdidos que encetam viagens precipitadas para atenderem familiares enfermos ou negócios de urgência, vitimados pelo golpe da *fatalidade;*

homicídios que sofrem vítimas inermes, homens probos, corações honrados, e quantos infortúnios ocultos estão colocando travo de fel e ácido que requeima o espírito de milhões e milhões de corações?!

Não podes compreender a Justiça em face do sensacionalismo dos veículos de comunicação que se comprazem em expor as desditas e tragédias que acontecem em todo lugar.

Acalma, porém, as aflições, para a refletir o insondável da tecedura da Lei que transcende as tuas pobres visões e os ângulos limitados da tua observação.

Está tudo certo ante as diretrizes funcionais de Deus.

Ocorre que no palco dos homens mudam-se os cenários, trocam-se as indumentárias, mas as personagens são as mesmas: vão e tornam, acumpliciadas com novos grupos que aderem espontaneamente às tragédias, às comédias, às exibições dos dramas do cotidiano, sob o impositivo da Lei.

A vítima inocente de hoje é o sicário impiedoso de ontem.

O trêmulo velhinho de agora, justiçado, continua sendo a mão do verdugo passado, embora a indumentária cansada que o tempo carcome, mas que a Justiça Divina não olvidou.

A teu turno engendra causas positivas para que os efeitos da Lei não te alcancem na condição inevitável de alma sob o suplício do resgate penoso.

Não pratiques o mal porque a hora é má.

Não te despojes do bem porque te pareça inviável a ação elevada da Justiça e da misericórdia.

Recorda-te do Apóstolo Paulo e reveste-te da couraça da justiça para que disponhas da perenidade da paz.

Probidade é o estágio que devem atingir os que encontraram Jesus, não obstante o clamor da perturbação, a balbúrdia inquietante das lutas ou as ciladas soezes da impiedade que grassa transitoriamente na Terra, nestes dias que precedem aos dias da vitória do Evangelho sobre todas as circunstâncias que amarfanham o espírito humano sedento de evolução.

Sê probo e honrado, especialmente quando escasseiam a honradez e a justiça na Terra.

42

Convite ao progresso

... Têm antes contribuído para o progresso do Evangelho.

(Filipenses: 1-12.)

Justo preservá-lo.

Necessário fomentá-lo.

Indispensável construí-lo, quando escasseia.

Referimo-nos ao progresso espiritual de cuja fonte se originam as diversas manifestações de bem-estar e harmonia gerais.

Na sustentação do equilíbrio somático se investem recursos externos de vária procedência, sem que se considere ser o campo da forma a materialização das engrenagens espirituais exteriorizadas em implementos celulares de que necessita o ser para a própria evolução.

Da mesma forma, tanto a harmonia como o desajuste psíquico decorrem dos recônditos do espírito reencarnado que atua por processo muito sutil e persistente nos centros da emoção, da inteligência e da memória, ocasionando arranjo mental ou distonias psíquicas complexas.

Vinculado ao passado espiritual donde procede, o homem experimenta as resultantes dos atos praticados, com acerto ou incorretamente, durante a experiência carnal.

Podes, portanto, malgrado as circunstâncias propícias ou adversas, laborar pela conservação da saúde ou fomentá-la, através das disposições colocadas a benefício de ti mesmo, gerando energias novas, mediante o pensamento favorável que se encarregará de produzir renovação e harmonia no domicílio de que te serves.

Fatores outros acalentados são responsáveis por danos graves e enfermidades que dizimam em larga escala e aos quais somente poucos se dispõem combater com segurança.

Ociosidade, pessimismo, malquerença, irritabilidade, ambição exagerada, inveja e todo um séquito de infelizes famanazes constituem *viroses* perniciosas, que terminam por desarmonizar as mais vigorosas estruturas físicas, morais ou mentais do homem.

O ocioso conspira contra si mesmo, por facultar a inação que entorpece os órgãos físicos e anestesia a mente.

O pessimista, cultivando sombras, vê-se cercado de angústia crescente.

O malquerente, a semear idiossincrasias, defronta animosidade em toda parte.

O irritável aspira o tóxico que exterioriza em volta, envenenando-se.

O ambicioso se encontra a um passo da loucura.

O invejoso se perturba ante as densas nuvens e os miasmas mentais que exala.

Somente o amor constitui tônico refazente e salutar para qualquer enfermidade, favorecendo com mais ampla facilidade o paciente para as demais terapêuticas de recuperação.

O progresso de cada um como da coletividade decorre do estado da alma de quem o elabora.

Favorece-te, desse modo, com as nobres idéias cristãs, tornando-te afortunado em moedas-bom-humor, a fim de que a saúde íntima se espraie em aparência agradável, equilíbrio orgânico e harmonia psíquica, contribuindo para o progresso do Evangelho na Terra, até o momento final do êxito na jornada física que te é oportunidade feliz e redentora, conduzindo contigo os compromissos que encontres pela retaguarda dos caminhos.

43

Convite à prudência

De maneira que andem na prudência dos justos.

(Lucas: 1-17.)

Este, precipitando conclusões mentais, chegou, através de raciocínios falsos, a desequilíbrio injustificado.

Aquele, acoimado por inquietação exorbitante, atirou-se em torvelinho pela rota, cansando-se exaustivamente, a meio da jornada.

Esse, por distonia da razão, desesperou-se sem motivo real e exauriu as possibilidades da serenidade interior.

Aqueloutro, pelo hábito contumaz da irreflexão, saltou do despenhadeiro da loucura, perdendo a oportunidade feliz.

Estoutro, condicionado pelas aflições exteriores, deixou-se empolgar pela ira e agiu com desacerto.

Outro ainda, vitimado pelos condicionamentos da vida em desordem, permitiu-se corromper, antes de usar as ensanchas do bem, perdendo-se a si mesmo.

A prudência é atitude de sabedoria.

Prudência no falar; prudência no agir; prudência quando pensar.

Falar com prudência conduz o homem à atitude refletida, pois falando sem pensar, o homem perde o domínio das palavras, que, desatreladas, lavram incêndios, promovem conflitos, desarticulam programas salutares.

A palavra não pronunciada é patrimônio precioso de que o homem se pode utilizar no momento justo; a palavra liberada pode converter-se, quando dita sob impropérios, em látego que volta a punir o irresponsável que a libera.

A ação precipitada, sem a necessária prudência, invariavelmente engendra desacertos e aflições sem nome, conduzindo o aturdido ao despenhadeiro do insucesso, em cuja rampa o remorso chega tardio.

Antes de agir, o homem é depositário de todos os valores que pode investir. Após a ação colhe os resultados do ato.

Agir, portanto, através da ponderação a fim de que a atitude não se converta em algoz, que escravize o próprio instrumento.

Pensar prudentemente.

Uma palavra que nos chegue aos ouvidos, ferina, conduz-nos a uma posição exaltada, impedindo, em conseqüência, a perfeita ordenação mental, que assim nos induz, através de ângulos falsos da observação perturbada, a resultados danosos.

Pensar refletindo predispõe a ouvir, acostumando a ver, criando o hábito de ponderar para, então, chegar às legítimas conclusões em torno dos veros problemas da vida.

Precipitado, Napoleão conquistou a Europa e, refletindo, meditou tardiamente nos erros cometidos, em Santa Helena.

Conduzido pela supremacia da força, Alexandre Magno dominou o mundo e febres estranhas tomaram-lhe o corpo jovem, antes das reflexões de que muito necessitava.

Com prudência Jesus pensou, falou e agiu.

Construído, paulatinamente, surge um reino de venturas plenas que pouco a pouco, não obstante a precipitação destes ou daqueles apaniguados do mundo, vai fixando os seus alicerces no imo dos homens, como bandeira de paz e de esperança para a humanidade inteira na direção dos milênios.

Prudência, pois, como atitude de santificação interior.

44

Convite à pureza

Bem-aventurados os que têm puro o coração, porque verão a Deus.

(Mateus: 5-8.)

Não importa quem foste, o que fizeste, quais os teus equívocos e erros.

O peso dos desregramentos constitui já punição para aqueles que o conduzem.

A condição de devedor representa marca indelével impressa na consciência a surgir hoje ou depois, não permanecendo, porém, oculta, por mais se deseje ignorá-la.

Face a isso, compreensível recomeçar com ardente desejo de aproveitar o capital do tempo no comércio da oportunidade, como investimento de bênção pela própria redenção.

Todos guardamos cicatrizes decorrentes de feridas morais, quando não as trazemos ainda purulentas sob disfarces bem cuidados.

Ninguém avança pelo caminho do progresso moral sem o contributo das experiências que decorrem do sofrimento, das lições dos erros, das matrizes muitas vezes dolorosas da criminalidade...

Pureza, portanto, hoje.

Mais do que aparência, legítima constituição íntima de propósitos materializando atos renovadores. Pureza na ação e no pensamento.

Há conspiração generalizada contra o estado de inocência que não significa ignorância do mal, porém superação dele.

Toda comunicação atual vazada na técnica corruptora se estriba nas torpezas morais, reduzindo o homem aos feixes dos instintos grosseiros e às sensações animalizantes, em detrimento dos dínamos poderosos da razão e da emoção superior.

Todavia, mediante o culto vigoroso do Evangelho, faz-se imperioso o retorno à pureza para a conquista da paz.

Maria de Magdala, embora os equívocos sucessivos, após conhecer Jesus passou a cultivar a pureza e tornou-se um símbolo da vitória da razão sobre a paixão.

Saulo fanatizado, depois de ações cruéis, sintonizou com o Cristo e se purificou mediante a autodoação total, ampliando na Terra os horizontes do Cristianismo.

Ninguém te exigirá documentação sobre o passado próximo. Reinicia, agora, o teu programa de pureza e considera o conceito sublime do Mestre, no Sermão da Montanha: "Bem-aventurados os que têm puro o coração, porque verão a Deus", deixando-te comover e conduzir pela pureza a fim de haurires plenitude de paz.

45

Convite à realidade

Eu o sou, eu que falo contigo.

(João: 4-26.)

Fascinam-se ante a aduana colorida da ilusão.

Atravessam o pórtico dos sonhos em ansiosa busca de coisa nenhuma.

Preferem o ácido lisérgico da fantasia, a droga embriagadora do romantismo absurdo, o estupefaciente da irrealidade...

Transladam-se de uma esfera nebulosa de dor para uma irreal jornada no planeta do gozo transitório donde retornam mais consumidos e mais desgastados...

As incursões ao reino mirabolante da vacuidade redundam em francos desaires e irreversíveis malogros íntimos.

Inutilmente alguém conseguiria evadir-se de si mesmo, porquanto onde quer que se encontre o homem aí estarão os seus problemas afligindo.

É inegável que as viagens de recreio, o teatro e o cinema, os desportos e as experiências de ligeiros ócios proporcionam renovação, alegria. Isso, porém, quando funcionam como medicamento restaurador de forças, complementação que chega após tarefas cumpridas, executadas.

Sem embargo seja mui difícil catalogar as linhas definitivas da realidade – no mundo em que estão soberanas as conquistas do conhecimento sobre as leis físicas vigentes –, todos sabemos que a vida terrena obedece a superior planificação para enobrecedora finalidade. Assim, angústia moral ou limitação física, enfermidades orgânicas ou distonias emocionais, significam, não raro, tratamento reparador a que são submetidos os espíritos calcetas pelo impositivo reencarnatório da evolução.

O pântano padece imundície até o instante em que experimenta ser drenado, e o solo crestado permanece árido até o momento da irrigação e da adubagem...

Retira a venda dos olhos e despedaça as lentes escuras que te impedem fixar as claridades reais da vida, promovendo o teu programa de ação eficiente onde te encontras. Nada de ilusões.

Haja o que haja, nos fugazes transes do sonho, de nada te valerão esses êxtases, pois logo tornarás à realidade do caminho, do qual somente a esforço de renovação e aprimoramento íntimo te libertarás para sintonizar com outra realidade, além das sombras e longe das agonias de hoje.

Assim, tranqüilo, afirmou Jesus à samaritana iludida, que se refugiava nas sombras das fugas: “Eu o sou, eu que te falo”, convocando-a à realidade da Era que Ele iniciava.

46

Convite ao recato

... Nenhuma coisa é em si impura, a não ser para aquele que a tem como tal, para esse ela é impura.

(Romanos: 14-14.)

Atormentados não conseguem distinguir as fronteiras que existem entre o estético e o ridículo, ultrapassando-as a largos passos, de modo a mergulharem nos fundos fossos da esquisitice.

Afirmando a elaboração de uma conduta realista, fingem contestar o passado, alienando-se, a princípio, das linhas do equilíbrio, e, marginalizados, em conseqüência, estrugem em rebelião anárquica, em avanço irreversível quase, pelos corredores da alucinação.

Fisicamente bem modelados crêem-se protótipos de novos cometimentos e supõem-se biótipos hoje das futuras formas da humanidade.

Alguns são realmente idealistas e sonham com novos padrões de ética e justiça social, de fraternidade e amor através de cujas fórmulas se beneficiariam todos os homens. Aturdidos, porém, pelo tumulto tecnológico e pela desenfreada luta competitiva na esfera da *Comunicação*, facultam-se fascinar pelas aberrações e charfurdam nos pauis da sexolatria desvairada e da toxicomania infeliz, absorvidos pelo poder de todos os disparates da razão ultrajada.

Transformam-se em líderes de outros insanos.

Padronizam comportamentos e afrontam os valores da dignidade, da honradez, mediante sarcasmo contumaz, desprezo sistemático à ordem e às expressões da saúde moral, social...

Estão destruindo, apregoam, para construir depois.

Estereotipados pelos sofismas materialistas, embora aparentem crer em Deus e no espírito imortal, apenas aparentam, pois desmentem qualquer religiosidade, mediante a forma de vida por que se deixam consumir...

A pretexto de *modernismo* não te desequilibres.

O recato é atitude moral indispensável a uma vida sadia, normal.

Não que o traje seja fator de corrupção.

Ocorre que a sua ausência faculta conúbios mentais desditosos entre os que não conseguem ver com discernimento, e enseja mais amplas possibilidades de atentados ao pudor.

Preconizava o Converso de Damasco na sua memorável epístola aos Romanos que uma coisa somente é "impura para aquele que a tem como tal".

Como o espírito humano se demora, por enquanto, nas faixas inferiores de onde procede, em cujos limites por ora se compraz, com algumas exceções, fácil lhe é ver tudo através das lentes escuras da animalidade, estimulando-se ao influxo das atrações do sexo em desgoverno, a dominar quase todos os departamento da Terra...

Não só no trajar o recato se impõe. Nos diversos labores e situações da vida, o recato, a morigeração, a ordem têm regime de urgência para que o homem consiga haurir a porvindoura felicidade que lhe está destinada desde hoje.

47

Convite à reflexão

Batei e abrir-se-vos-á.

(Mateus: 7-7.)

"Se eu soubesse!...

"Agora é tão tarde!...

"Por pouco!...

"Não tive oportunidade...

"Confesso que eram boas as minhas intenções...

"Não recuarei, nunca!

"Tudo está arruinado, agora!

"Perdi, e desisto!

"Só há uma saída: a morte!"

Esses e muitos outros conceitos são arrolados para se justificarem fracassos e rebeldias nos empreendimentos da vida.

Expressões derrotistas e fraseologias de lamentação são apresentadas, a fim de traduzir os estados da alma, vencida, em atitude mórbida como "a lavar as mãos" ante as ocorrências que resultam dos insucessos na luta.

Na maioria das vezes, no entanto, tais cometimentos infelizes decorrem da ausência de ponderação como conseqüência dos engodos a que o homem se permite por ambição desmedida ou precipitação.

Paulatinamente o salutar exercício da reflexão é marginalizado e a criatura, mesmo ante a severidade das lições graves, não recua à meditação de cujo labor poderia armazenar valiosa colheita.

Antes, portanto, de agir, reflete; após atuar, reflexiona.

A reflexão ensina a entesourar incomparáveis jóias de paz e incorruptíveis bens que ninguém ou nada pode tomar ou destruir.

Em qualquer circunstância, pois, reflexão! Ela te concederá o sol da harmonia a benefício da iluminação interior, se lhe bateres à porta e aguardares que seja aberta.

48

Convite à regeneração

Tornai-vos, portanto, imitadores de Deus, como filhos bem-amados.

(Efésios: 5-1.)

Não amanhã ou mais tarde.

Programas adiados, dificuldades aumentadas.

Ação imediata, oportuna, produz resultados abençoados, surpreendentes.

Como se faz indispensável pensar a fim de tomar decisões felizes, a ponderação em exagero resulta em prejuízo para a oportunidade melhor.

Por isso mesmo, a obra em prol da regeneração da Terra deve ter início no próprio homem, imediatamente.

Partindo das pequenas e insignificantes falhas do caráter, da personalidade, fixar-se-ão diretrizes de robustez para as decisões e atitudes mais expressivas nos meandros do espírito atribulado.

Não se faz preciso que de um só golpe se intente a regeneração, pois que tal labor seria muito difícil, não, todavia, impossível.

Todos trazemos das vidas pretéritas condicionamentos que se traduzem por deficiências mui marcantes, quando não se fazem impositivos fortes, refletindo os gravames a que nos ligamos, por insensatez ou desequilíbrio...

Tendências e desejos resultam do cultivo de tais ou quais aptidões morais a que nos entregamos nas reencarnações anteriores.

Reorganiza, desse modo, a paisagem espiritual, sob a ação evangélica, clarificando o báratro íntimo que te atormenta com a lâmpada do conhecimento espírita. Impostergável dever para a obra regenerativa, que poderá conduzir-te com segurança à rota da harmonia, que deve merecer carinho imediato.

Se não parece lícito intentar de um para outro momento a tarefa de transformação interior, não é, igualmente, justificável adiar para depois o que podes produzir de imediato.

Toda aquisição se converte em patrimônio inalienável, que não convém ser desprezado.

Jesus, ensinando sabedoria e vivendo-a, conclamou a todos que Lhe recebiam a diretriz de segurança: "Vai em paz e não tornes a pecar para que te não aconteça algo pior."

Os Seus convites foram sempre incisivos e concisos, refletindo um tempo único para ação regenerativa: *agora!*

Hoje, portanto, fulgura tua oportunidade abençoada de regeneração espiritual. Inicia-a e avança na direção do sem-fim da perfeição que pretendes atingir, tornando-te "imitador de Deus como filho bem-amado."

49

Convite à renovação

...Transformai-vos pela renovação da vossa mente, para que proveis qual é a boa, agradável e perfeita vontade de Deus.

(Romanos: 12-2.)

Ante os freqüentes insucessos, que te deixam sulcos vigorosos, imperioso examinar em profundidade suas causas determinantes.

Os métodos arraigados decorrentes de hábitos prolongados promovem lamentáveis resultados.

Renovação é medida urgente face ao impositivo da revisão de conceitos e atitudes a que te aferras.

O processo da evolução estabelece medidas seguras para a atualização de postulados e promoção de serviços.

O cristão não se deve, pois, marginalizar, fixando-se em situações distantes das conquistas do conhecimento tecnológico.

Como renovação entenda-se acréscimo de cultura, desdobramento de atividades, metodologia escorreita e intercâmbio fraterno.

A aparência singela nem sempre reflete simplicidade, tanto quanto o aspecto soberbo não traduz obrigatoriamente orgulho vão.

As conquistas íntimas são bênçãos que armazenas a favor da própria iluminação. Para consegui-las, justo insistir na busca das diretrizes seguras em relação aos deveres superiores, mediante a penetração no cerne das convicções esposadas.

Renovação é, também, disposição para abandonar os conceitos ultrapassados, produzindo renovação íntima, a penoso esforço, a fim de se adaptarem às valiosas informações da cultura hodierna, capazes de dinamizar os recursos em latência ou desdobrar os que se encontram em utilização, para lobrigar os salutares e elevados resultados.

Busca, dessa forma, a contribuição dos cooperadores do progresso e aplica-a nos teus misteres, renovando-te, do que decorrerá inusitado êxito nos teus labores.

A "transformação pela renovação da mente" – já asseverava Paulo – leva o homem a "provar qual é a boa, agradável e perfeita vontade de Deus". Se os teus insucessos não decorrem dos impositivos cármicos a que te encontras subordinado, a renovação como terapêutica eficiente te ajudará a ascender e harmonizar os teus objetivos com o bem de todos sob a concessão do Excelso Bem.

50

Convite à renúncia

Assim, pois, todo aquele que dentre vós não renuncia a tudo o que possui, não pode ser meu discípulo.

(Lucas: 14-33.)

Enquanto a disputa pela conquista dos valores-sem-valor comanda o desequilíbrio que se generaliza entre os homens; ao tempo em que a criatura se arremessa, desvairada, na corrida do prazer a fim de se não sentir marginalizada; não obstante a sofreguidão com que os indivíduos se vêem a braços de modo a lograr posição e relevo no cenário social; embora a fascinação pelo brilho dos primeiros lugares na ribalta das atividades com que se desajustam muitos seres, convém recordarmos a excelência da renúncia como terapêutica de alta urgência para a saúde física e mental dos que aspiram à paz e ambicionam a perene alegria...

Renúncia num exame apressado pode parecer covardia ou significar amolentamento de caráter.

Considerando-se que é muito fácil a derrocada na competição das paixões animalizantes em que apenas predominam as potencialidades do instinto, a renúncia, que significa requisito moral, dificilmente logra entendimento ou aceitação.

Todavia, possuidor é aquele que cede.

Mordomos transitórios do que nos passam pelo caminho: corpo, bens, objetos, valores, somente permanecem imanentes os tesouros inapreciáveis que dimanam das fontes geratrizes do espírito: amizade, amor, perdão como títulos de caracterização legítima de cada ser e de todas as criaturas.

Renunciar, todavia, não é abandonar a causa ou o ideal, antes contribuir de modo edificante para o bem geral, sem a ênfase da egolatria.

Renunciando, Jesus conseguiu modificar o estado social da Humanidade, desde a sua hora e o seu dia, facultando ao homem a perfeita identificação entre os valores reais e os transitórios bens a que se dão valor e logo se consomem.

Face a qualquer situação ou em qualquer circunstância litigiosa em que as ambições se empenhem, danosas, reflete e renuncia, liberando-te da canga constringente da ambição desvairada, porquanto as conquistas que facultam a paz, como enuncia o Evangelho, em relação ao Reino de Deus, não vêm com aparência externa.

51

Convite à resignação

... Para que a tua fé não desfaleça...

(Lucas: 22-32.)

Enquanto debandam das lides enobrecedoras trabalhadores que te pareciam exemplo de estoicismo, sentes o coração dilacerar-se e tens a impressão de que não suportarás os rudes embates que se sucedem, contínuos...

À medida que o entusiasmo diminui e a realidade das tarefas apresenta as legítimas dimensões do empreendimento espiritual, consignas a presença do desânimo...

Afinal, refletes, estão escassos os líderes autênticos, aos teus olhos, enquanto a confusão aumenta e a face do ceticismo gargalha vitoriosa...

Tudo te parece sombrio com perspectivas ainda mais tristes.

Não descoroçoes, porém.

Não tomes como modelo para meditação os exemplos dos maus exemplos.

Malgrado as dificuldades aparentes, a vitória do bem e do amor é óbvia, não dando margem a controvérsia.

Ocorre que, apesar de conheceres a doutrina das vidas sucessivas, por hábito deficiente de educação religiosa negativa, refletes como se o túmulo significasse o fim ou se a reencarnação não fosse realidade inconteste.

Coordena melhor a atividade mental, reconsiderando os problemas traçados interiormente.

Encetada a jornada do bem, haja o que haja, insiste e persevera. Não desfaleças na fé.

Resigna-te por hoje, recordando que amanhã tudo se modificará.

Se estiveres sob o jugo de dores e padecimentos, ingratidões e perseguições injustos, serão injustos somente na aparência, pois que procedem do teu ontem, em regime de cobrança, para melhor estabilidade do teu amanhã.

Submete-te, portanto, paciente, resignadamente, às situações atuais e, insistindo nos bons propósitos, constituirás o porvir de bênçãos que agora ainda não podes fruir.

52

Convite à saúde

Senhor, se quiseres, poderás curar-me. Jesus, estendendo a mão, o tocou e disse: Quero-o, fica curado. No mesmo instante desapareceu a lepra.

(Mateus: 8-2 e 3.)

Melancolia e inquietação em festival de sofrimento.

Neuroses e psicoses clamando a patética das dores.

Enfermidades do corpo, da mente, do espírito, em compacta carga sobre os ombros humanos.

Enfermos e hipocondríacos em tormento incessante.

Não obstante as conquistas da inteligência e os êxitos da cultura nos múltiplos campos do conhecimento, débeis são as colheitas da paz.

Triunfos externos convertidos em amargas derrotas íntimas.

Glórias e aplausos silenciados na amargura das duras soledades.

Tributos ao gozo em rios de sofrimentos.

Poder, abastança, e a miséria espiando em desespero.

No entanto, a saúde buscada com avidez e pouco possuída é de fácil aquisição.

O mais poderoso contágio que existe, ainda é o da saúde.

Saúde, todavia, de dentro para fora, que produz equilíbrio e consolida tranqüilidade.

Na preocupação de adquirir os valores transitórios, o homem desdenha a edificação interior, desconsiderando a capacidade íntima de produzir para a vida os tesouros incorruptíveis do espírito.

Pensamentos salutares, disciplina e comedimento de ações, exercícios oracionais, otimismo e auxílio fraterno desinteressado são poderosos, eficientes meios de ajustar e produzir a saúde nos painéis da mente e do espírito, a se refletirem, posteriormente, no psiquismo, no sentimento e no corpo.

"Se quiseres" – disse o necessitado a Jesus, e, querendo o Senhor, atendeu-o.

Se quiseres e envidares esforços adquirirás a saúde, palmilhando o caminho da fé enobrecida que em te falando da imortalidade, oferece-te os imprescindíveis recursos para a perene aquisição da vida total.

53

Convite à sementeira

A seara, na verdade, é grande, mas os trabalhadores são poucos.

(Lucas: 10-2.)

Desdobra-se, imenso, o campo a semear...

A generosa gleba aguarda arroteamento e preparação.

As sementes são a palavra do Senhor, férteis e nobres, em seu potencial libertador.

Há, no entanto, outras sementes que têm recebido a preferência dos homens.

Todos somos semeadores.

Exemplos geram lições, palavras propõem conceitos, pensamentos elaboram idéias.

Estamos sempre diante de professores, cercados por aprendizes.

A vida social, desse modo, é decorrência dos impositivos geradores dos hábitos que se destacam. Assim, em qualquer circunstância o homem semeia.

Infelizmente, na gleba da atualidade, as sementes utilizadas têm-se apresentado deficientes, proporcionando valores degenerados.

Por isso, há poder e inquietação, facilidades e neuroses. O desespero segue cavalgando a anarquia, e as distonias emocionais avançam comandando grupos humanos.

Mergulha a mente na reflexão e fita a paisagem colorida dos homens. Mesmo ao Sol vê-los-ás tristes e, quando sorrindo, ei-los assinalados por esgares...

Não adies a oportunidade, convidado como te encontras para o ministério de reverdecer a terra e tornar-te semeador de bênçãos e de paz, em nome do Excelso Semeador.

54

Convite à simplicidade

Considerai os lírios...

(Lucas: 12-27.)

Complementos e atavios representam não poucas vezes dispensáveis adornos.

Como o excesso em uns é escassez noutros, onde abundam complexidades rareiam sensatez e equilíbrio.

O belo exterioriza-se em aura de harmonia, e a força da beleza reside na discrição da simplicidade.

A sabedoria consiste em apresentar com simplicidade os mais complexos conceitos, utilizando-se de expressões fáceis.

Supõem muitas pessoas que as construções verbais gongóricas, em que abundam verbetes inusuais, revelam conhecimento. Verdadeiramente tal comportamento reflete exibição de linguagem com prejuízo da clareza na informação.

A vida moderna, com as múltiplas facetas em que se apresenta, constringe o homem, tolhendo-lhe muito da espontaneidade, engendrando fugas psicológicas à realidade, que funcionam como drenos à emoção sobrecarregada de tensão e ansiedade.

Simples, pulcras, são todas as coisas de elevada grandeza e de alto sentido espiritual.

Os homens que se notabilizaram nos diversos campos do conhecimento humano e se revelaram protótipos da beleza espiritual nas artes, na filosofia, mártires da fé e heróis da renúncia, se fizeram caracterizar e se engrandeceram através da simplicidade, envergando as vestes da humildade.

Os utilitaristas estão engajados nos grupos dos oportunistas e se mascaram com artifícios superficiais, impressionando pelo exterior, todavia, vazios de conteúdo e valor.

Vencem pela força incapazes de se vencerem a si mesmos.

Arrimados à petulância, tornam-se violentos e, sem qualidades morais legítimas, preferem ser temidos por total impossibilidade de se fazerem amados.

Constituem as classes dominadoras, transitando pelos estreitos corredores de tormentosas frustrações, que não raro terminam na porta falsa do suicídio direto ou indireto.

Resguarda-te na simplicidade.

Evita as aparências fulgurantes e malsinadas.

Reflete na lição do Senhor em torno dos lírios do campo e sua beleza comovedora, insuperável, medrando a esmo, do lodo, exteriorizando aroma penetrante.

Ele próprio, Nosso Divino Senhor, cantando e vivendo as excelsas belezas do Reino Celeste, se utilizou da simplicidade de tal modo que o Seu Evangelho continua como hino de luz tecido com as melodias inspiradas no povo simples e sofredor de todos os tempos.

55

Convite à solidariedade

Trata-o, e quanto gastares de mais, na volta eu t'o pagarei.

(Lucas: 15-35.)

São muitos os necessitados que desfilam aflições, aguardando entendimento e socorro.

Uns estão assinalados rudemente por deformidades visíveis que constituem a cruel recidiva de que precisam para aprender conduta e dever.

Outros se encontram sitiados por limitações coercitivas que funcionam como presídio correcional, a fim de os habilitarem para futura convivência social.

Alguns se apresentam com dificuldades no raciocínio e na lucidez, embora a aparência harmoniosa, como se fossem estetas da forma emparedando misérias mentais que os ensinam a valorizar oportunidade e bênção.

Diversos conduzem feridas expostas, abertas em chagas purulentas, com que drenam antigas mazelas e corrigem paixões impressas nos painéis do perispírito, submetido a terapêutica renovadora...

Vários estão estigmatizados a ferro e fogo, padecendo dores morais quase superlativas, em regime de economia de felicidade, exercitando as experiências da esperança.

Um sem-número de atados à fome e à discriminação racial sob acicates poderosos estão treinando humildade para o futuro.

Todos aguardando piedade, ensejo para conjugar os verbos *servir* e *amar*.

Há outros, porém, esperando solidariedade.

São os construtores do ideal edificante, os servidores desinteressados, os promotores da alegria pura, os trabalhadores da fraternidade, os governantes honestos, os capitães da indústria forjados no aço da honradez, os pais laboriosos, os mestres e educadores fiéis ao programa do bem... Sim, não apenas os que pagam o pretérito culposo, mas, sobretudo, os que estão levantando o Mundo Novo dos escombros que jazem no chão da Humanidade. Nobre e fácil chorar a dor ao lado de quem sofre.

Felizes, também, os que podem oferecer-se, solidários, aos que servem e amam ao Senhor, não obstante os diversos nomes e caminhos pelos quais se desvelam, operários da Era Melhor do amanhã ditoso.

Solidariedade, também, para com os que obram no Bem.

56

Convite à tolerância

Mas para que os não escandalizemos...

(Mateus: 17-27.)

A calúnia vil se origina comumente na suspeita sórdida.

O incêndio que lavra com voracidade é fruto, às vezes, de uma fagulha indisciplinada.

A cólera devastadora surge, não raro, da contínua irreflexão.

A seara feliz tem começo no grão.

O gesto estóico que salva vidas nasce na piedade fraternal.

A molécula, o átomo, a célula de tão insignificante aparência são, no entanto, os elementos básicos encontrados em toda parte.

Também a gota de leite e o bálsamo medicamentoso, o trapo e a moeda singela, o alfabeto e o Evangelho ofertados lentamente aos que transitam pelos caminhos do mundo, de pequena monta, são essenciais à felicidade de todos.

A tolerância, também, aplicada indistintamente entre todos e em qualquer lugar, é lição viva de fé e elevação, que não pode ser desdenhada.

Tolerar, no entanto, não significa conivir.

Desculpar o erro não é concordar com ele.

Entender e perdoar a ofensa, não representam ratificá-la.

Indispensável não entrar em área de atrito quando podes contornar o mal aparente a favor do bem real.

Tolerância é caridade em começo. Exercitando-a, em regime de continuidade, defrontarás os excelentes resultados do bem onde estejas, com quem convivas.

Condescendência para com os direitos alheios, não produzindo choque, não escandalizando, seguindo os mesmos caminhos de todos com atitude correta na busca dos alvos dignificantes, é relevante testemunho de tolerância.

Jesus, o perene Instrutor, convidado a pagar o tributo, aquiesceu, elucidando: "para os não escandalizarmos", cumprindo, assim, com os deveres junto a César para melhor desincumbir-se dos sublimes compromissos para com Deus.

57

Convite ao trabalho

Trabalhai não pela comida que perece, mas pela comida que permanece para a vida eterna, a qual o Filho do Homem vos dará.

(João: 6-27.)

Na hora do desespero, exclamas: "é demais!"

Acoimado pelo sofrimento, descarregas: "Não suporto mais".

Vitimado pela incompreensão, gritas: "Ninguém me compreende".

Dominado pelo cansaço, proferes: "Irei parar por aqui".

Sob o açodar do desânimo, afirmas: "Faltam-me forças".

Malsinado pela ingratidão, desabafas: "Nunca mais".

Ante as injunções da época, explicas: "Não serei eu a sacrificar-me".

Há outras expressões constantes, que atestam os momentos infelizes em que, não raro, cristãos e espíritas lúcidos, saturados das relações habituais e dos contínuos insucessos desta ou daquela natureza, permitem revelar o estado de ânimo, gerando desalinho interior e fomentando o desequilíbrio nos demais companheiros, que deles esperam a lição da segurança e da harmonia, em qualquer circunstância das atividades evolutivas nas quais te encontras empenhado.

Mister retificar a conceituação, quando clarificado pelo Evangelho de Jesus Cristo. Consubstanciá-lo nos atos diários é tarefa inadiável, que não se pode procrastinar.

O trabalho é sempre veículo de renovação, processo dignificante, em cujo exercício o homem se eleva, elevando a humanidade com ele.

Sejam quais forem as tuas possibilidades sociais ou econômicas, trabalha!

Se necessitas armazenar moedas, com finalidade previdenciária, trabalha sem desânimo.

Se projetas a aquisição honrosa da paz e do pão, trabalha com proficiência.

Se és independente, trabalha pelo bem comum, convertendo a hora da ociosidade em bênção para os outros.

Trabalhando, estarás menos vulnerável à agressão dos males ou à leviandade dos maus. O trabalho é mensagem de vida, colocada na direção da criatura para construir a felicidade que todos perseguimos.

Recorda o apelo do Mestre: "Trabalhai não pela comida que perece, mas pela comida que permanece para a vida eterna, a qual o Filho do Homem vos dará", e não desfaleças, porque o trabalho contínuo e nobre falará pelos teus pensamentos e palavras em atos que te seguirão até além das fronteiras da vida orgânica.

58

Convite à tranqüilidade

E procurai viver tranqüilamente...

(I Ts.: 4-11.)

Mais produz quem o faz com equilíbrio.

Melhor ajuda aquele que coopera com tranqüilidade.

Maior eficiência a que decorre da ação paciente, constante.

A tranqüilidade, por essas razões, em todos os momentos da vida é de salutar necessidade.

Vivendo sob condicionamentos decorrentes da violência que se espraia por toda parte, o homem, convidado a decisões e atitudes, raramente age impulsionado pela tranqüilidade, o que faz reflexionar, inspirando diretrizes de segurança. O impacto resultante da alta carga de informações de variada ordem que o assalta, através dos veículos de comunicação, leva-o a reagir, no que incide em precipitadas resoluções de conseqüências poucas vezes felizes.

Acoimado por necessidades imediatas, no imenso campo das competições, à revelia da vontade, exaspera-se por nonadas, intoxicando-se, em regime de demorado curso, até a exaustão ou o desequilíbrio total, na rampa da alucinação.

Diz-se que manter a tranqüilidade ante a injustiça, face às surpresas desagradáveis que nos assaltam, sob condições inesperadas é de todo impossível... Não é verdade, porém. Mister, bem se depreende, facultar condições para que vicejem as expressões da paciência no coração e na mente, em perene tranqüilidade.

Para esse desiderato, deve o homem confiar em Deus plenamente, entregando-Lhe a vida e deixando-se conduzir.

Consciente de que todo mal aparente redunda num bem real e que toda aflição faculta resgate de dívida passada, nenhuma conjuntura infeliz consegue alterar o ritmo da tranqüilidade interior. Mesmo quando experimentando sofrimento, tal estado não conduz à rebeldia, à desesperação, à deserção.

O estudo das "leis de causalidade", a que se refere a Doutrina Espírita, pouco a pouco esclarece o entendimento humano, consolidando convicções em torno da Divina Justiça, que estabelece as linhas do destino e da vida de modo a felicitar o espírito na jornada evolutiva; o exercício da vontade bem dirigida, mediante pequenos esforços, constantes disciplinas, necessárias continências; a meditação como norma de elevação dos pensamentos e cultivo das idéias superiores; a oração que faculta o estabelecimento da ponte entre o *eu propínquo* dos homens e o *tu longínquo,* porém, próximo da Divindade são métodos excelentes para a aquisição da tranqüilidade.

Em qualquer situação mantém a tranqüilidade e não te desesperes.

Muitas vezes parece que o auxílio divino te chegará tardiamente. Logo após, fazendo revisão das ocorrências, constatarás que o socorro celeste sempre chega *dez minutos antes* da hora grave, resolvendo o problema.

Persevera, pois, em tua tranqüilidade sempre.

59

Convite ao valor

Para que a prova da vossa fé, mais preciosa que o ouro que perece, mesmo quando provada pelo fogo, seja achada para louvor, glória e honra na revelação de Jesus Cristo.

(I Pedro: 1-7.)

Confundem-no com arrojo de improviso, arrebatamento, e muitos asseveram que a intrepidez é sua mais valiosa expressão.

Arrivistas, anarquistas, irresponsáveis que se fazem vítimas de desmandos mentais são identificados por valiosos quando não passam, quase sempre, de insensatos ou temerários.

O valor não se revela apenas no momento do gesto audaz, na situação opcional, no instante crítico. Muitos fatores decorrentes da emotividade estimulada podem conduzir o homem a uma atuação arrojada ou de fuga, de que não se pode liberar, sem que isso lhe traduza a força moral de que é dotado.

Homens que se notabilizaram em façanhas guerreiras, realizaram-nas impulsionados pelas alucinações da ira ou da ferocidade interior, incapazes de uma vida pacífica, longe das refregas em que se alçaram às culminâncias da glória.

Pessoas que salvaram vidas em circunstâncias especiais talvez não hajam refletido antes da decisão que as celebrizaram.

Sem qualquer demérito para esses lídimos construtores do progresso e do bem, o valor é um estado de ânimo alentado, a prolongar-se paulatinamente cada dia e a toda hora, com firmeza no ideal do bem, embora as dificuldades a vencer e os óbices a transpor.

O cristão decidido talvez se oferecesse ainda hoje ao martirológio pela Causa da Fé... Todavia, permanecer fiel no mundo de turbações, enfrentando acrimônias e torpezas com elevação de espírito, somente será possível se dotado do valor da fé para não desanimar nem se corromper.

O valor é disposição conscientemente adotada para o sacrifício.

Revela-se na intimidade do lar, onde se caldeiam necessidades espirituais, no ajustamento familiar, entre espíritos díspares; no labor da oficina onde se adquire o pão, mediante a firmeza nos atos de austeridade moral, em cujo convívio se arregimentam ou exteriorizam paixões; nas relações sociais, em cuja esfera se cruzam interesses nem sempre elevados, mantendo continência e fraternidade; nas atividades religiosas e comunitárias sob a égide da caridade, sem descer aos melindres, nem tricas mui comuns, que engendram infelizes processos de desgaste de forças e desagregação do trabalho...

A coragem de vencer-se antes que pretender vencer o próximo, de desculpar antes que esperar desculpas e de amar não obstante desaires e desencantos, revela o cristão, o legítimo homem de valor.

Narram as tradições apostólicas que na arena romana, após repudiado pelas feras, Inácio de Antióquia, depois de haver orado, confabulou com um Emissário Divino. Lamentando não ter sido aceito em holocausto pelo Senhor, do Mensageiro escutou, comovido: "Jesus espera de ti muito mais. Morrer, agora, é fácil e rápido. Ele deseja, porém, que morras – vivendo a cada instante, sob as injunções da impiedade, da ingratidão e de outras lutas em que a tua fé e o teu valor darão testemunho demorado da tua fidelide, por longo e tormentoso tempo..."

60

Convite à vigilância

... Vigiai e orai para que não entreis em tentação.

(Marcos: 14-38.)

Nem sempre a aparência trai a periculosidade que possui oculta.

Sutil, faz-se agradável, penetrando pouco a pouco as resistências que a obstaculizam.

Aqui surge discreta, produzindo simpatia; ali se apresenta comedida, causando interesse; noutros lugares assume características enlevantes, conseguindo cordialidade, aceitação.

Raramente assoma frente a frente, mas, quando tal ocorre, seus efeitos são imediatos, trágicos...

Na vilegiatura que empreende ao redor de todos faz-se voraz, no entanto, quando rechaçada ou deixada à margem; reúne forças e retoma o caminho, revestindo-se de novo aspecto, a fim de insistir no programa nefando.

Insaciável, seduz paulatinamente, com promessas de ventura, destruindo os que lhe caem nas malhas...

Conivindo às suas diretrizes, mesmo por negligência, somente poucas vítimas logram liberação. Quando tal ocorre, o tributo a pagar é de alto e penoso valor.

Referimo-nos à tentação.

Tóxico, envenena facilmente.

Ácido, queima e requeima sem parar.

Prazer, dilui os sentimentos e anestesia os deveres, dilacerando a responsabilidade, deixando inermes os valores morais que exornam o caráter.

Não se lhe dê trégua em momento algum.

Sua força faz-nos recordar a lendária Fênix ressurgindo das cinzas em que se consumira.

Pode estar presente na ira e viver no ódio ultriz; aparece no ciúme e se alimenta na vingança; vige na ambição de qualquer porte e respira no clima da usura; agride na traição e ressurge na hipocrisia...

Nem sempre, porém, se permite identificar através dos aspectos negativos, repelentes.

Mais cruel e poderosa quando disfarçada de mentira dourada ou ilusão subornante, pelo tempero da censura, ou no açodar dos instintos, com habilidade, no envolver da bajulação...

Necessário vigiar as entradas do coração e permanecer no posto da prece.

A vigilância regular, insistente, é-lhe o antídoto valioso, incorruptível de que ninguém pode prescindir para colimar êxito nos empreendimentos relevantes do bem.

Examina a própria fragilidade e não permitas que a presunção te cicie quimeras, porquanto, através dela, não poucas vezes a tentação tem acesso ao espírito, neste estabelecendo morada da qual só mui raramente vai expulsa e, quando ocorre ser exilada, deixa marcas de difícil extinção.

Ora, portanto, mas imprescindível vigiar, também.